GOING ONLINE

VON NULL AUF INTERNET

Von Dr. Thomas Fleißner

Herausgeber: Prof. Dr. Peter Conrady

Verlag
Information & Bildung
Berlin

EDITORIAL

Zielsicher zu fundierter Allgemeinbildung!

WWW-Adressen sind heute allgegenwärtig – egal, ob im Fernsehen, beim Einkaufen oder im Geschäftsleben. Sicher kennen Sie folgende oder ähnliche Situationen: Ein Geschäftspartner möchte Ihnen wichtige Dokumente per E-Mail zuschicken. Oder ein Freund erzählt Ihnen, er habe seinen Urlaub zu 30% billiger „übers Internet" gebucht. Und eine Freundin kennt immer die neuesten Nachrichten – lange, bevor sie in der Zeitung stehen.

Das World Wide Web eröffnet ungeahnte Möglichkeiten der Kommunikation und Information. Diese Möglichkeiten erfolgreich nutzen zu können, ist heutzutage unverzichtbar – im Beruf wie zu Hause.

Wenn auch Sie das Internet verstehen und selbst „mitmischen" wollen, sind Sie hier richtig: Dieses Buch führt Einsteiger jeden Alters, aber auch bereits erfahrene Surfer durch die Welt des Internets.

Das beginnt mit der praktischen Frage nach dem Zugang zum Netz – welches Modem, welche Software, welcher Provider sind sinnvoll und nötig? Dann gehts ins Internet: Die Grundlagen und Feinheiten der elektronischen Post, die Handhabung einer Suchmaschine, die Frage nach der Sicherheit werden praxisnah und anschaulich geklärt. Dazu gibt es Tipps, wertvolle Hintergrundinformationen und Internetadressen, die Ihnen das Leben erleichtern werden.

Ein kleines Lexikon der Internet-Fachbegriffe und ein Index machen den Band zu einem nützlichen Nachschlagewerk auch bei späteren Surftrips im Internet.

Lesen – Wissen – Verstehen – Mitreden!

INHALT

GRUNDLAGEN DES INTERNETS

Woher das Internet kam ...

© Catprint Cartoonline GmbH

Vor etwa 30 Jahren entwickelte das US-Verteidigungsministerium im Washingtoner Pentagon ein elektronisches Datennetz (ARPA: *Advanced Research Projects Agency*), in dem wichtige militärische Informationen dezentral auf vielen Rechnern abgelegt waren, die über das Land verteilt und miteinander vernetzt waren. Durch diese verzweigte Netzstruktur wollte man erreichen, dass die abgelegten Informationen auch dann abrufbar wären, wenn ein Rechner oder eine der Leitungen zwischen den Rechnern durch einen Angriff zerstört würden.

Bald erkannten Wissenschaftler, dass über dieses Netzwerk auch Forschungsergebnisse zwischen den verschiedenen Forschungsinstituten schnell ausgetauscht werden konnten, und nutzten ARPA für ihre Zwecke. Im Laufe der Zeit stieg die Zahl der Rechner an, das militärische Netz spaltete sich ab, und es entstand das Internet.

Zur Benutzung dieses Buches

Dieses Buch ist so aufgebaut, dass Sie sich an den Rechner setzen und Schritt für Schritt bzw. Kapitel für Kapitel Ihren Internetzugang erstellen können. Die Kapitel bauen aufeinander auf.

Befehlsfolgen, also eine Abfolge von Menüpunkten, die Sie mit der Maus nacheinander anwählen sollen, sind *kursiv* dargestellt, z.B. *Bearbeiten → Einstellungen*. Es folgt dann eine Grafik (Screenshot), in der der entsprechende Bildschirm dargestellt ist (s. Abb.).

Eckige Klammern [...] zeigen an , dass der zwischen den Klammerzeichen stehende Text nicht zwangsläufig oder immer angegeben sein muss, sondern nur auftreten kann.

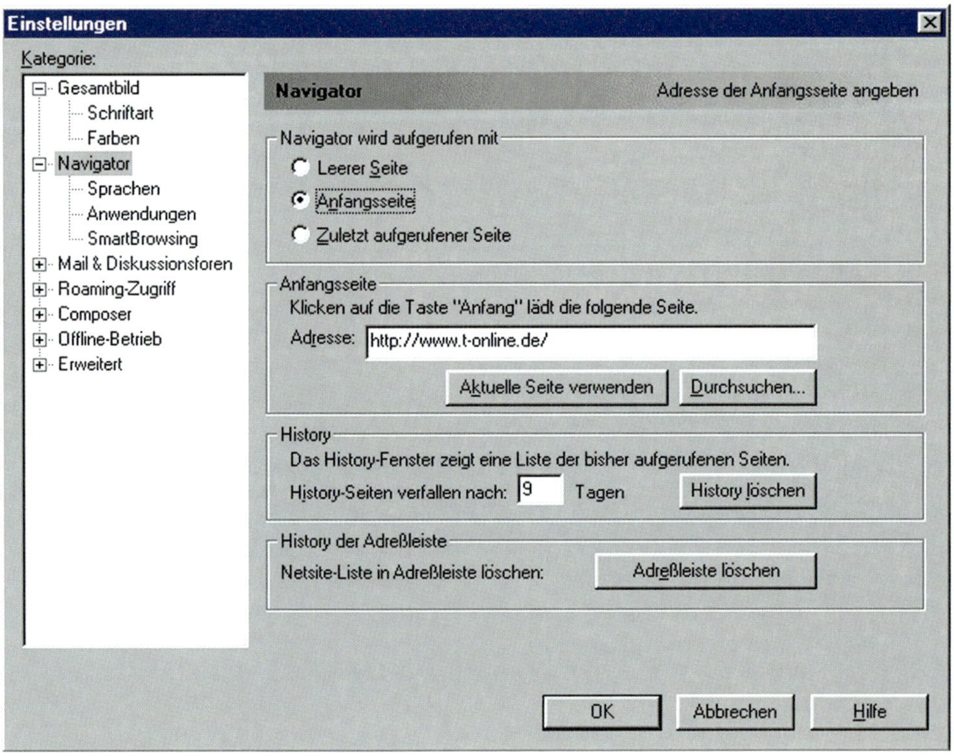

Ray Tomlinson, einer der „Väter" des Internets, führte Anfang der 70er Jahre das „At-Symbol" ein, um bei E-Mails den Empfängernamen von der Internetadresse zu trennen. Das Symbol ist in der angelsächsischen Handelswelt seit dem 19. Jahrhundert verbreitet, um „at the price of" (zum Preis von) abzukürzen.

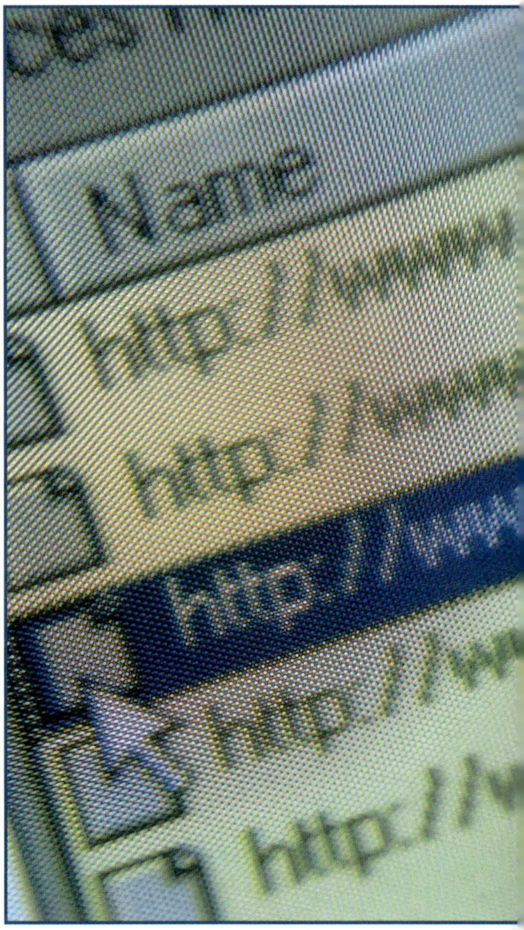

Dienste im Internet

Im Internet unterscheidet man so genannte Dienste, also Serviceleistungen, die über das Internet für den Verbraucher bereitgestellt werden. Bekannt ist das WWW (World Wide Web). Daneben existieren aber noch einige andere Dienste im Internet, die für private Anwender vielfältigen Nutzen bringen können.

World Wide Web

Das **WWW** ist der am weitesten verbreitete Dienst im Internet. Im WWW sind weltweit unzählige Rechner miteinander verknüpft, auf denen Daten in Form von Dokumenten, Tabellen, Grafiken, Fotos, Sounds und Videoclips abgelegt sind. In den Dokumenten (auch **Hypertext**) sind so genannte **Hyperlinks** enthalten – Querverweise, die auf eine Datei an einem anderen Ort verweisen, z.B. www.yahoo.com/ . Sie werden im Internet unterstrichen dargestellt. Im WWW gibt es vieles, was das Leben einfacher machen kann, von Lexika über Supermärkte und Versandhäuser bis hin zu Reisebüros und Kinozeitschriften.

Tipp
Neben der Schreibweise http://www.yahoo.com findet man häufig auch die kürzere Schreibung www.yahoo.com . Bei der Eingabe in den Browser ist das „http://" überflüssig.

E-Mail

Ebenfalls sehr weit verbreitet ist E-Mail oder auch **Electronic Mail**, das elektronische Gegenstück zur Briefpost. Eigentlich ist E-Mail der Name für den Dienst, wird jedoch häufig als Bezeichnung für den elektronischen Brief verwendet. E-Mails eignen sich wegen ihrer Schnelligkeit sehr gut für die Kommunikation mit Freunden und Geschäftspartnern. Sie haben zudem den Vorteil, dass sich Daten wie Tabellen, Musikstücke oder Hyperlinks anfügen lassen, die vom Empfänger einfach mit einem Mausklick geöffnet und betrachtet werden können.

News

News oder **Newsgroups** sind vergleichbar mit einem schwarzen Brett, wo man Nachrichten und Informationen anschlagen kann. Sie sind nach Themenbereichen gegliedert. Inzwischen gibt es mehr als 20.000 Newsgroups. Zu finden sind Newsgroups z.B. unter http://groups.google.com .

Tipp
Für den Endverbraucher sind vor allem WWW und E-Mail wichtig.

FTP

FTP (**File Transfer Protocol**) dient zum Übertragen von Daten zwischen verschiedenen Rechnern. Man wählt sich auf einem Server (Rechner, der Daten für andere Nutzer bereithält oder aufnehmen kann) ein, um von dort entweder Daten auf den eigenen Rechner zu übertragen (**download**) oder Daten auf diesen Server zu überspielen (**upload**).

Daneben existieren weitere Internetdienste wie **aFTP**, **telnet**, **gopher** etc. Sie sind jedoch in der Regel nur für den professionellen Nutzer von Interesse.

Was ist im Internet möglich?

Diese Dienste bieten zahlreiche Nutzungsmöglichkeiten:

Einkaufen

Versandhäuser bieten seit einiger Zeit auch im Internet ihre Produkte an. Man kann sich das Produkt anschauen, Informationen abfragen und schließlich das Produkt bestellen. Der Versandhandel im Internet boomt, in den USA sind seit Jahren schon wachsende Zuwachsraten zu verzeichnen. Auch in Deutschland kauft mittlerweile über die Hälfte der 24 Millionen Internetnutzer online ein – Tendenz steigend.

Bsp.: www.quelle.de/ , www.conrad.de/ , www.karstadt.de/ , www.ebay.de/ , www.schnaeppchenführer.de/

E-Commerce – also elektronischer Handel über das Internet – ist kostengünstig und ständig verfügbar. Nachteilig wirkt sich hingegen der Sicherheitsaspekt aus. Viele Kunden zögern – oft zu Recht – ihre Daten, v.a. die Kreditkartennummer, über das Internet zu übermitteln.

Kostenlose Programme herunterladen

Viele Programmierer, professionell tätige Firmen wie auch Privatpersonen, bieten ihre Software im Internet an. Häufig handelt es sich hierbei um so genannte **Freeware** – das Programm ist kostenlos – oder um **Shareware** – das Programm ist in seinem Funktionsumfang geringfügig eingeschränkt, kann aber kostenlos getestet werden. Entscheidet man sich für die Software, erhält man nach Bezahlung einen Freischaltcode zugeschickt, mit dem die Funktionseinschränkungen aufgehoben werden können.

Bsp.: www.shareware.de/ , www.kostenlos.de , www.winfiles.com/ , www.sw4you.de/ , www.freeware.at/

Internet-Telefonie

Der Vorteil einer Internetverbindung ist, dass man sich in der Regel über die Telefonleitung zum Ortstarif einwählt. Es gibt nun Programme, die es erlauben, von einem Internetrechner zu einem anderen oder einem herkömmlichen Telefon (ohne PC) über das Internet Kontakt aufzunehmen und gesprochene Sprache zu übertragen. Ein PC sollte für die Internet-Telefonie mit Lautsprechern und einem Mikrofon ausgestattet sein. Man spricht in das Mikrofon wie in einen Telefonhörer. Die Stimme wird dann digitalisiert, d.h. in PC-Sprache übersetzt, und über das Internet versandt. Am anderen Ende wird der Text dann wieder zurückübersetzt – der Empfänger kann so hören, was der „Anrufer" sagt ...

Dieser Service ist kostenpflichtig und daher für Telefonate in Deutschland nur unwesentlich günstiger als das „normale" Telefon. Aber bei Auslandsgesprächen ergeben sich deutliche Unterschiede. In Zukunft ist damit zu rechnen, dass sich dieser Service mehr und mehr durchsetzen wird. In den USA beispielsweise gibt es bereits Angebote, bei denen zur Internet-Telefonie kein PC mehr benötigt wird.

Bsp.: MS Netmeeting, Netscape Conference, www.web.de/ , www.idt.com/

Onlinespiele

Bisher konnte man bei Computerspielen nur gegen den mehr oder weniger leblosen Rechner antreten. Das muss nicht sein: Man kann sich auch online mit anderen Nutzern treffen und gemeinsam oder gegeneinander spielen.

Ein schönes Beispiel findet sich unter www.yahoo.de . Dort kann man unter *Spiele* Billard, Schach, Schiffe versenken u.a. gegen Spieler aus der ganzen Welt spielen. Weitere Spiele z. B. bei www.netplayer.de/ , www.play-online.de/ oder www.gamechannel.de/

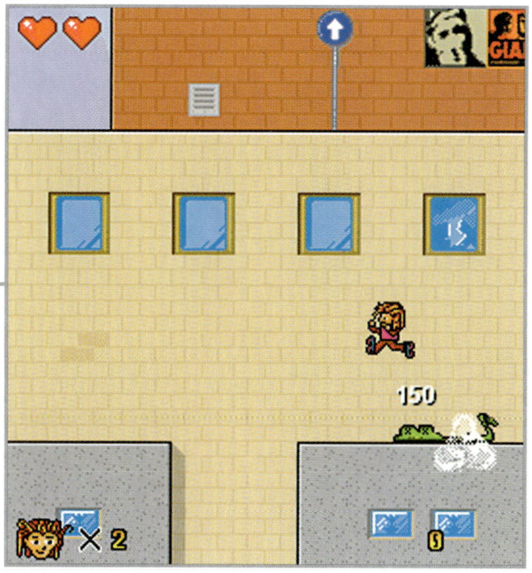

Chatten – Flirten und Kontakte

In so genannten **Chatrooms** treffen sich Internetnutzer, um miteinander zu plaudern (engl. *to chat*). Hierzu gibt man den Text über die Tastatur ein; dieser wird dann für alle Teilnehmer des Chats sichtbar am Monitor dargestellt, so dass sich alle am Gespräch beteiligen können. Viele Chatrooms bieten auch die Möglichkeit, sich mit einem Gesprächspartner zurückzuziehen und das begonnene, vielleicht vertrauliche Gespräch ungestört fortzusetzen. Daneben gibt es Seiten, die sich ganz der Vermittlung von Partnerschaften verschrieben haben. Je nach Anbieter sind diese zum Teil kostenlos und enthalten **Kontaktanzeigen**.

Bsp.: MS Chat,
www.friendscout.de/ ,
www.singles.ch/ ,
www.singles.de/ ,
www.internetflirt.de/

Videokonferenzen

Ähnlich wie bei der Internet-Telefonie gibt es Anbieter, die Videokonferenzen im Internet ermöglichen. Dabei werden nicht nur Sprache, sondern mit Hilfe einer digitalen Kamera auch bewegte Bilder zwischen den Teilnehmern ausgetauscht.

Bsp.: MS Netmeeting,
Netscape Conference

Nachrichten

Inzwischen haben alle Fernsehsender und die großen Tageszeitungen ihre Nachrichten im Internet. Man kann aber auch bei den weltweit tätigen Nachrichtenagenturen Meldungen nachlesen, die laufend aktualisiert werden.

Bsp.: www.tagesschau.de/ ,
www.rtlnews.de/ ,
www.n24.de/ ,
www.sueddeutsche.de/ ,
www.dpa.de

Nachschlagen

Was ist ein Perimeter? Wofür steht epirogenetisch? Wie schreibt man Desoxyribonukleinsäure? Die Antwort kann man im Internet finden, z.B. durch eine **Suchmaschine**, in einem **Internetlexikon** oder beim **Duden**.

Bsp.: www.duden.de/ ,
www.wissen.de/ ,
www.abfragen.de/

Wie funktioniert das Internet?

Vernetzte Rechner

Das Internet ist ein weltweites Computernetzwerk, in dem hunderttausende von Rechnern miteinander verbunden sind. Die Computer können über das Internet Dateien und Informationen austauschen. Genau genommen ist das Internet sogar nur ein Oberbegriff für miteinander vernetzte Netze, d.h. dass verschiedene kleinere Netze von Firmen, Hochschulen, Onlinediensten, Providern oder öffentlichen Behörden und Universitäten miteinander kommunizieren können.

Angenommen, Sie sitzen nun zu Hause an PC 1 und wollen Daten aus dem Internet von einer Homepage holen, weil Sie z.B. Bilder eines Anbieters betrachten wollen. Diese Bilder liegen im Internet, und zwar auf PC 2. Wollen Sie nun von Ihrem Rechner PC 1 Daten von PC 2 empfangen, werden diese Daten über einen beliebigen Weg von 2 nach 1 geschickt. Welcher Weg dabei gewählt wird, ist weder dem Absender noch dem Empfänger bekannt. Er kann „oben herum", „mitten durch" oder auch „unten herum" verlaufen. Sicher ist nur, dass die Anfrage von PC 1 zunächst an dessen **Zentralrechner** und dann weiter über andere Zentralrechner im Internet weitergegeben wird. Auch die angeforderten Daten laufen dann von PC 2 über dessen Zentralrechner sowie weitere Zentralrechner auf den Zentralrechner von PC 1 und damit zu Ihnen.

Diese Zentralrechner werden häufig auch **Gateways** genannt.
Das Wissen, welcher Weg gewählt wird, ist auch nicht von Bedeutung; wichtig ist, dass tatsächlich die Daten zu Ihnen gelangen. Dies wird durch das **Client/Server-Prinzip** und das **Netzwerkprotokoll** gewährleistet.

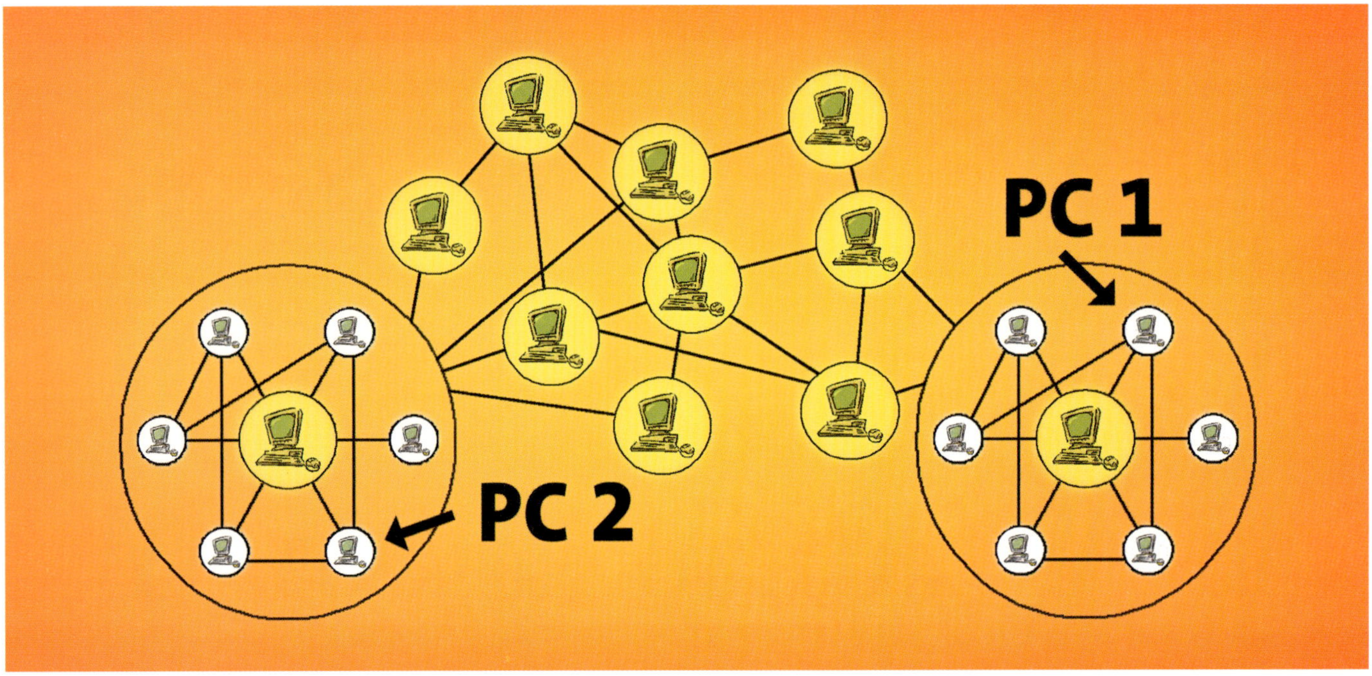

Rechner, die einen Internetdienst anbieten, werden als „Server" (= Diener) bezeichnet.

Client/Server-Prinzip

Die Kommunikation zwischen einem PC und einem Rechner im Internet wird nach dem **Client/Server-Prinzip** abgewickelt. Damit die Zusammenarbeit zwischen verschiedenen Rechnern funktioniert, ist spezielle Software notwendig: ein Programm (Server, engl. f. *Diener*) auf dem Internetrechner, das einen Dienst anbietet (z.B. das Herunterladen von Dateien oder das Betrachten von Bildern), und ein Programm (Client, engl. f. *Kunde*), das diesen Dienst anfordert. Für den Internetnutzer ist es dabei zunächst unerheblich, welche einzelnen Programme er benötigt, da die meisten Browser (Software, die den Internetzugang ermöglicht, wie z.B. Microsoft Explorer oder Netscape Communicator) diese einzelnen Programme bereits „serienmäßig" beinhalten.

Fachbegriffe

Im Sprachgebrauch hat es sich inzwischen eingebürgert, den Rechner, von dem man Dateien bezieht, als **Server** zu bezeichnen. Unser PC daheim wird auch häufig als **Client** bezeichnet.

Netzwerkprotokoll

Die angeforderten Daten werden in Paketen über das Internet versandt. Dabei ist es natürlich wichtig, dass die Computer einander verstehen. Daher verwenden alle Computer die gleiche „Sprache", die im so genannten **TCP/IP-Netzwerkprotokoll** (v. engl. *Transfer Control Protocol/Internet Protocol*) festgelegt ist. Daneben gibt es noch weitere Netzwerkprotokolle (NetBEUI, IPX/SPX u.a.), die speziell von Firmen genutzt werden. Sie besitzen für private Anwender nahezu keine Bedeutung.

TCP/IP wird zur Abwicklung der Datenübertragung im Internet eingesetzt. Es ist eine Bezeichnung für Konventionen zum Datenaustausch: Im TCP/IP sind also alle Regeln, wie die Rechner miteinander „sprechen" sollen, festgehalten. Als Anwender sollten Sie lediglich wissen, welches Netzwerkprotokoll Sie verwenden (TCP/IP), den Rest erledigen Provider und Browser.

Tipp

Häufig werden in den Einstellungen zur Datenfernübertragung oder vom Browser Informationen zum Netzwerkprotokoll abgefragt. Als Standardeinstellung ist hier immer das TCP/IP-Protokoll zu wählen, als Protokolleinstellungen können die „vom Server zugewiesenen" Optionen ausgewählt werden.

Die Internetadresse

IP-Adresse und Domainname

Damit immer klar ist, welcher Rechner im Internet angesprochen werden soll, werden so genannte IP-(Internet Protocol) Adressen vergeben, die weltweit eindeutig sind. Diese Adressen dürfen nicht mit E-Mail-Adressen verwechselt werden (vgl. dazu Kapitel *Rund ums E-Mail*, S. 62).

Die IP-Adressen sind vergleichbar mit Hausnummern der Rechner. Im Beispiel oben wären das die Nummern 1 und 2, die Ihren und einen anderen Rechner eindeutig kennzeichnen. Es wurden Konventionen festgelegt, wie die Hausnummern auszusehen haben. Die IP-Adressen sind gemäß diesen Konventionen immer Nummernfolgen wie z.B.

129.187.90.17

für den Rechner des Lehrstuhls für Energiewirtschaft am Fachbereich Elektro- und Informationstechnik an der Technischen Universität München.
Die Internetprotokolle verwenden stets diese Adressen, die aber für den Nutzer recht unhandlich sind. Um sie besser lesbar zu machen, werden Namen vergeben, die ebenfalls weltweit eindeutig sind, z.B.

ewk.ei.tum.de

Diese Namensadressen heißen auch **Domainname**. Genauso wie die numerischen Adressen sind die Domainnamen nach einem bestimmten „Strickmuster“ zusammengesetzt, das so aussieht:

ewk.	ei.	tum.	de

hostname.[subdomain.[subdomain]].domain.topleveldomain

Dabei bedeuten:

hostname:	eindeutiger Name des Rechners
subdomain:	Abteilungen/Unterabteilungen
domain:	Firma oder Institution
topleveldomain:	Hauptdomain (übergeordnete organisatorische Einheit)

topleveldomain	Deutschland
domain	Technische Universität München
subdomain	Fachgebiet Elektro- und Informationstechnik
hostname	Lehrstuhl für Energiewirtschaft und Anwendungstechnik

Heute gibt es u.a. folgende Toplevel-Domains (TLDs):			
edu	Hochschulen (Abk. v. engl. *education*, nur USA)	de	Deutschland
com	Firmen (Abk. v. engl. *commercial*)	at	Österreich
gov	US-Regierung (Abk. v. engl. *government*, nur USA)	ch	Schweiz
org	Nicht-kommerzielle Einrichtungen	uk	Großbritannien
mil	Militärische Einrichtungen (nur USA)	fr	Frankreich
net	Netzwerk-Management-Organisationen	it	Italien
info	Neue TLD für Informationsseiten im Netz	es	Spanien
biz	Neue TLD für Firmen	jp	Japan

Die Toplevel-Domain

Die Toplevel-Domain (häufig auch TLD) ist eine Bezeichnung aus den Anfängen des Internets in den USA, mit denen man öffentliche Einrichtungen, Firmen etc. gekennzeichnet hat. Später dann hat man diese um Länderkennungen erweitert. In den letzten Monaten sind weitere TLDs hinzugekommen, wie z.B. *info*, *biz* etc., weil die bisher genutzten TLDs nicht mehr ausreichten.

Die Toplevel-Domain gibt wichtige Hinweise darauf, wo ein Rechner steht. Dies ist besonders dann von Interesse, wenn wir Dateien oder Programme aus dem Internet herunterladen.

Steht der Rechner in den USA, ist natürlich der Weg länger, also dauert auch die Übertragung länger – was wegen der Telefongebühren Geld kostet. Häufig ist es möglich, die gleichen Dateien von einem Rechner in Deutschland zu bekommen: Der Weg ist kürzer, die Übertragung geht schneller und Sie können so Geld sparen.

Die weit verzweigte Struktur hat auch zur Folge, dass das Internet kaum kontrollierbar ist: Es gibt Millionen von Rechnern im Internet, auf denen Informationen abgelegt sein können, und noch mehr verschiedene Wege, diese Informationen zu versenden. Angesichts dieser Vielzahl verschiedener Möglichkeiten haben Behörden wie die Polizei kaum eine Chance, bestimmte Inhalte zu verbieten oder zu unterbinden. Denn was in dem einen Land verboten ist, muss es in einem anderen Land noch lange nicht sein. Dies führt auch dazu, dass illegale Inhalte (v.a. pornografischer Natur) über das Internet verbreitet werden. Dies führte in der Vergangenheit immer wieder dazu, dass das Internet in einem schlechten Ruf stand.

Diese Inhalte machen jedoch nur einen minimalen Anteil an den im Internet publizierten Informationen aus. Zudem werden seit einiger Zeit z.B. pornografische Inhalte durch einen „Zugangscode“ geschützt; durch eine meist recht geringe Gebühr kann der Inhalt dieser Seiten vom Nutzer eingesehen werden. Bei der Bezahlung wird zugleich geprüft, ob der Nutzer volljährig ist.

Onlinedienst und Internet-Service-Provider

Ein Nachteil am Internet ist, dass man sich mit dem Computer nicht direkt in das Internet einwählen kann. Man benötigt einen Vermittler. Diese Funktion erfüllt ein Onlinedienst oder ein Internet-Service-Provider (ISP).

Auf den Punkt gebracht

- Es gibt verschiedene Dienste, von denen v.a. das World Wide Web und E-Mail im täglichen Leben von Bedeutung sind.
- Im Internet können Daten weltweit nach dem Client/Server-Prinzip abgerufen werden. Dabei müssen Konventionen beachtet werden. Dies wird von der Software automatisch erledigt.
- Der Netzzugang vom Telefon zum Internet ist nur über Onlinedienste und Provider möglich.

HARDWARE UND VORBEREITUNG

Erste Schritte Richtung Internetanschluss

Nachdem die theoretischen Grundlagen geklärt sind, stellt sich nun die praktische Frage: Was brauchen Sie, damit Sie im Internet surfen können? Sie benötigen zunächst einmal die richtige Hardware – einen Computer oder Rechner mit einem Modem, mit dem Sie über die Telefonleitung Kontakt mit anderen Computern aufnehmen können. Als nächstes benötigen Sie einen Provider (v. engl. *provide,* versorgen) oder Onlinedienst, der Ihnen den Zugang zum Internet verschafft. Dann brauchen Sie ein paar Vorkenntnisse, wie Sie möglichst schnell surfen können, und schließlich sollten Sie wissen, welche Software Sie verwenden wollen.

Die folgenden zwei Kapitel beschreiben den Weg von der Rechnerwahl bis zum fertigen Internetzugang – Sie können, nachdem Sie diese Kapitel gelesen haben, alle wichtigen Entscheidungen bis zum Internet eigenständig treffen.

Auf den Punkt gebracht

Eine alte Rechnerweisheit besagt: Vier Dinge sind nötig, um ins Internet zu gelangen. Drei davon sind käuflich:

- ein Rechner
- ein Modem samt entsprechendem Telefonanschluss und
- ein Provider oder Onlinedienst.

Das vierte kann man sich nicht kaufen, nämlich Geduld. Aber diese Einführung kann Ihnen dabei helfen, schneller und ohne allzu große Geduldsproben an Ihr Ziel zu gelangen ...

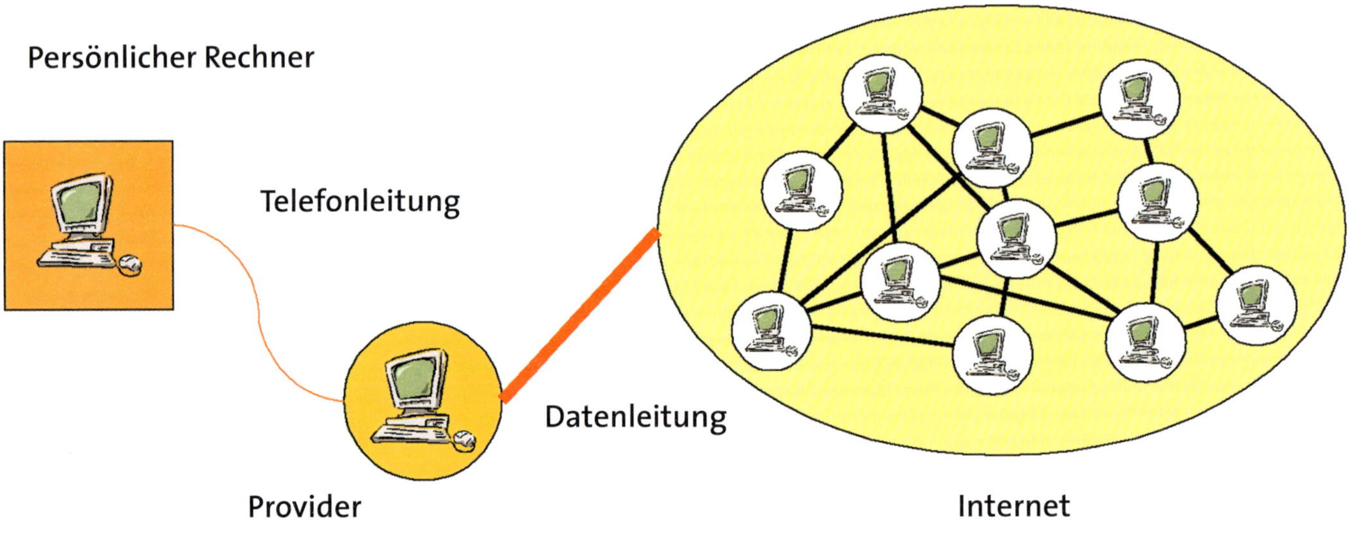

Schritt für Schritt

Im unmittelbar folgenden Kapitel werden die Voraussetzungen für das Surfen von zu Hause aus erläutert: *Hardware und Vorbereitung*. Dies beinhaltet Grundlegendes zum Computer und zum Betriebssystem, damit Sie eigenständig die richtige Wahl treffen können; anschließend werden Fragen zum Modem geklärt. Die nächste wichtige Entscheidung ist die Wahl eines Onlinedienstes bzw. Providers, der Ihnen den Internetzugang verschafft. Schließlich lernen Sie, die Kosten für das Surfvergnügen einzuschätzen und selbst zu berechnen. So vorbereitet, können Sie Ihren Rechner ans Netz anschließen – wie, wird Thema des daran anschließenden Kapitels sein: *Der Anschluss ans Netz.*

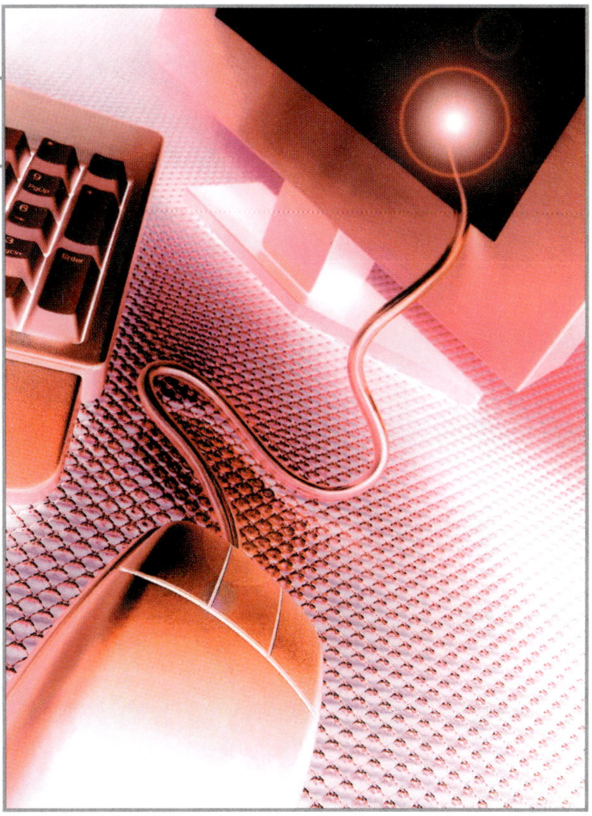

Anforderungen an den Rechner

Eine wichtige Frage zu Beginn aller Überlegungen ist die Rechnerfrage: Welcher Rechner ist der richtige?

Merkmale eines Computers

Hier ist es zunächst einmal wichtig, die Merkmale zu kennen, die einen Rechner beschreiben. Dann sollten Sie wissen, welche dieser Merkmale sich in welcher Form auf den Rechnerbetrieb und das Surfen auswirken und was Ihnen dabei besonders wichtig ist. Und schließlich sollten Sie wissen, worauf Sie ganz persönlich achten wollen, also was Ihnen wichtig ist und was Sie außer Surfen mit dem Rechner noch machen wollen. Damit ist schon mal die Grundlage geschaffen für eine Auswahl.

Kennen Sie die Größenbezeichnungen und Einheiten?

Von den Computer-Basiseinheiten wie Byte (B) werden Vielfache in 10er-Einheiten gebildet, wobei die sprachliche Bezeichnung in 1000er-Schritten vorgenommen wird:

Potenz	Abkürzung		Bezeichnung
10^3	Kilo	K	Tausend
10^6	Mega	M	Millionen
10^9	Giga	G	Milliarden
10^{12}	Tera	T	Billionen
10^{15}	Peta	P	Billiarden
10^{18}	Exa	E	Trillionen

Einsatz des Rechners

Welchen Rechner Sie letztendlich wählen, spielt für den Internetzugang fast keine Rolle. Daher sollten Sie bei der Rechnerwahl darauf achten, wozu Sie den Rechner sonst noch einsetzen wollen.

Wollen Sie zum Beispiel Ihre Urlaubsfotos um Internetfotos vom Ferienort ergänzen und alles digital auf dem Computer archivieren, sollten Sie unbedingt darauf achten, eine große Festplatte (40 GB und mehr) zu wählen. Sinnvoll ist es außerdem, einen schnellen Prozessor (mehr als 1 GHz), mehr Arbeitsspeicher (128 MB+) und eine leistungsstarke Grafikkarte (mind. 32 MB Arbeitsspeicher) zu kaufen, um die Bildbearbeitung nicht zu langsam werden zu lassen. Legen Sie dagegen mehr Wert darauf, am Rechner die aus dem Internet heruntergeladene Musik zu hören, ist es wichtig, eine hochwertige Soundkarte mit entsprechenden Lautsprechern auszuwählen. Häufig werden auch CD-Brenner zum Erstellen eigener CDs oder DVD-Laufwerke (neue Technik, um sich Spielfilme auf dem PC ansehen zu können) angeboten. Hier sollten Sie die Anzeigen der jeweiligen Anbieter genau miteinander vergleichen.

Auf den Punkt gebracht

Der Internetzugang stellt an den Rechner keine allzu hohen Anforderungen. Daher wird die Rechnerwahl von anderen Gesichtspunkten (Preis!) dominiert. Generell gilt hier genauso wie in anderen Bereichen: Qualität kaufen, „No-name-Produkte“ vermeiden. Übersetzt für Ihren Internetrechner bedeutet das, Markengeräte zu kaufen. Diese haben den Vorteil, dass vom Hersteller für längere Zeit Erweiterungsbauteile und Unterstützung zu erwarten sind. Damit ist nicht automatisch auch ein hoher Preis verbunden: Viele Elektromärkte oder Computerhändler bieten inzwischen auch Markenprodukte zu relativ günstigen Preisen an. Sie sollten mit etwa 1.000 € Investition für einen gut ausgestatteten Internetcomputer rechnen, wobei natürlich Abweichungen nach unten und v.a. oben abhängig von den persönlichen Wünschen auftreten können.

Die Qual der Wahl – Ein kleiner Einkaufsführer

Was ist wirklich wichtig?

Sicherlich haben Sie schon mal eine dieser typischen Rechnerbeschreibungen gelesen, wie sie immer wieder in den Beilageblättern in der Tageszeitung zu finden sind. In der folgenden Tabelle wird analysiert, was die Anzeige bedeutet, wie wichtig einzelne Positionen für einen Internetrechner sind und warum sie mehr oder weniger wichtig sind.

Die Daten zu den Rechnern unterliegen einer rasanten Entwicklung: Was heute noch Premiumklasse ist, ist morgen schon ein alter Hut. Daher ist bei dieser Tabelle zu beachten, dass sie lediglich einen Überblick geben kann.

So lautet die Anzeige:	Was bedeutet es?	Wie wichtig ist es?	Welche Rolle spielt es fürs Surfen?	Mindestanforderung an einen Internetrechner
Intel Pentium 4, 1,7 GHz	Hersteller, Bezeichnung und Geschwindigkeit des Prozessors	–	Die Arbeitsgeschwindigkeit des Internetrechners hängt v.a. von der Zeit ab, die zum Laden einer Seite benötigt wird. Und die wiederum ist nahezu unabhängig vom verwendeten Prozessor.	Mehr als 1,5 GHz sollten es heute schon sein.
256 MB Arbeitsspeicher	Größe und evtl. Typ des Arbeitsspeichers	+	Alle Programme, die für den Internetzugang nötig sind, werden in den Arbeitsspeicher geladen. Hier gilt: Je größer, desto besser.	Nicht unter 64 MB, 128 MB und mehr sind besser.
60,0 GB HDD	Größe der Festplatte	+	Eine große Festplatte ist zu empfehlen, wenn häufig Software aus dem Internet heruntergeladen und ausprobiert wird.	Nicht unter 20 GB!
40 x CD	Geschwindigkeit des CD-Rom-Laufwerks	–	Das CD-Laufwerk benötigt man in der Regel zum Installieren von Software. Dessen Geschwindigkeit wirkt sich auf die Leistung eines Internetrechners gar nicht aus.	Egal.
32 MB Grafik	Größe des Arbeitsspeichers auf der Grafikkarte	+	Die Arbeitsspeichergröße, mehr noch die Geschwindigkeit des Grafikchips entscheidet über die Schnelligkeit beim Bildaufbau; besonders im Zusammenhang mit der Monitorgröße wichtig.	Nicht unter 16 MB!
19" (Zoll)	Größe des Monitors (Bildschirmdiagonale)	++	Ist der Monitor zu klein, muss man häufig scrollen, was auf die Dauer lästig ist; Internetseiten sind heute für 15-Zoll-Monitore konzipiert.	Nicht unter 17 Zoll!
Maus		++	Ohne Maus (fast) kein Surfen!	Unbedingt!
Sound, Tastatur	Soundkarte, Tastatur	–	Eine Tastatur sollte heutzutage eine Selbstverständlichkeit sein; die Soundkarte benötigt man für das Abspielen von Musikstücken aus dem Internet.	Ist Standard.

Legende: – weniger wichtig + wichtig ++ sehr wichtig

Welches Betriebssystem?

Das Betriebssystem bildet die Grundlage jedes Rechners. Basiskenntnisse zum Betriebssystem sind daher unerlässlich. In diesem Buch sind alle Schritte so erklärt, dass der Internetzugang auch ohne Kenntnisse funktionieren wird. Trotzdem ist es ratsam, sich mit Rechner und Betriebssystem vertraut machen.

Was ist ein Betriebssystem?

Das Betriebssystem oder OS (Abk. v. engl. *Operating System*) ist das wichtigste Programm auf jedem Rechner. Es ist nämlich die Software, die den Rechner erst „zum Laufen" bringt. Sie enthält alle Befehle und Vorgehensweisen, damit nach dem Rechnerstart eine bunte Oberfläche erscheint, mit Symbolen, auf die man klickt und dadurch Programme startet. Ohne Betriebssystem geht also gar nichts. Der Rechner startet nicht einmal.

Die wichtigsten Betriebssysteme

Auf dem Markt gibt es Betriebssysteme von verschiedenen Herstellern.
Der bekannteste unter ihnen ist sicher Microsoft, der gleich eine ganze Reihe verschiedener Systeme „im Rennen" hat: Windows 95, 98, 2000 und ME (für Millenium Edition). Seit Herbst 2001 gibt es ein weiteres Produkt von Microsoft, Windows XP.
Daneben existieren aber noch zwei weitere bekannte Betriebssysteme: Mac-OS (ein Betriebssystem, das nur auf speziellen MacIntosh-Rechnern läuft) sowie Linux. Die mit Abstand meisten Rechner werden derzeit mit einem Microsoft-Betriebssystem verkauft.

Wie wichtig ist das Betriebssystem für das Surfen?

Zunächst: Flaschenhals beim Surfen (also wenn die Daten zu langsam fließen) ist nicht das Betriebssystem. Andere Faktoren spielen da eine wesentlich wichtigere Rolle: Modem, Telefonleitung und natürlich der Rechner. Die Abstimmung dieser Faktoren aufeinander entscheidet über die maximale Surfgeschwindigkeit. Das Betriebssystem spielt also für das Surfen nur eine untergeordnete Rolle.

Das neue MS Windows XP

Glaubt man dem Medienrummel beim Erscheinen des neuesten Betriebssystems von Microsoft, so scheint am neuen Windows XP kein Weg vorbeizuführen: Ein Muss für das Surfen? Dem ist sicher nicht so. Aber es gibt doch einige Neuerungen, die das Surfen erleichtern:

- Im neuen XP ist eine so genannte Firewall (engl. f. *Brandmauer*) integriert, die das Surfen sicherer machen kann (vgl. dazu auch das Kapitel *Sicherheit im Netz*, S. 56).
- Im neuen XP sind Programme integriert, die das Ansehen von Videos oder das Anhören von Musik erleichtern.

Welches Betriebssystem?

Von alt auf neu – Lohnt sich das?

Was tun, wenn auf Ihrem Rechner eine ältere Windows-Version läuft? Die Antwort ist klar: „Never change a running system!" – Eine alte Computerweisheit besagt, dass man nie ein funktionierendes System ändern sollte.

Das hat seine guten Gründe: Wollen Sie Ihren Rechner updaten, also von einer alten Version auf die neue umsteigen, steigen die Anforderungen an den Rechner in der Regel an: Sie brauchen mehr Platz auf Ihrer Festplatte, Ihr Prozessor benötigt sehr viel Zeit, um die neuen Befehle zu verarbeiten etc.; Computerprofis nennen das „steigende Systemanforderungen". Unter Umständen kann das dazu führen, dass Ihr Computer „lahm" wird, d.h. er wird spürbar langsamer – bei allem, was Sie am Computer tun, egal, ob Sie einen Text bearbeiten, eine Tabelle erstellen – oder eben surfen. Und dann passiert genau das, was Sie nicht wollten: Anstelle von schnellem gibt es langsames Surfen ...

„Never change a running system" – Der Wechsel auf ein neues Betriebssystem kann dazu führen, dass sich die Fahrt auf der Datenautobahn erheblich verlangsamt.

Daneben sind noch einige andere Gesichtspunkte zu beachten: Für die „alten" Komponenten in Ihrem Computer mit „neuem" Betriebssystem gibt es nicht immer auch „neue" Software. So kann es passieren, dass ein Drucker oder ein Scanner nicht mehr oder nur mehr schlechter/langsamer funktioniert. Sie haben dann die Arbeit, vom Hersteller der Komponente einen neuen Treiber (ein Programm, das zur Verständigung zwischen der Komponente und dem Computer benötigt wird) zu besorgen. Und da tauchen dann bisweilen ganz banale Probleme auf: Der Hersteller existiert nicht mehr, bzw. er stellt keinen neuen Treiber her oder aber Sie kennen nicht die genaue Version Ihres Geräts. Alle Varianten führen dazu, dass zunächst mal an Ihrem Computer etwas nicht funktioniert und Sie Zeit investieren müssen, um Ihren Rechner wieder zum Laufen zu bringen ...

Und nicht zuletzt kostet das neue Betriebssystem ja auch Geld – Diese Investition sollte gut überlegt sein! Also sollten Sie für das Surfen alleine nicht auf ein neues Betriebssystem umsteigen. Zurzeit sind die überwiegend verwendeten Betriebssysteme Windows 98 bzw. Windows ME/2000. Die Funktionalität für das Surfen ist in diesen Systemen sehr gut gewährleistet. Sie haben darüber hinaus auch noch den Vorteil, dass – sollten Sie sich zum Beispiel ein Modem anschaffen – alle zugehörigen Treiber für diese Betriebssysteme entweder vom Hersteller mitgeliefert werden, bereits in Windows integriert oder leicht über das Internet erhältlich sind.

Tipp
Mehr Informationen zum Thema WindowsXP finden Sie z.B. unter
http://freenet.meome.de/app/fn/artcont_portal_news_article_jsp/78319.html

Beim Kauf eines neuen Rechners – Welches Betriebssystem?

Schaffen Sie sich einen neuen Rechner an, können Sie ruhig zu dem neuen Betriebssystem Windows XP greifen. Die Vorteile überwiegen. Hier ein kleiner Überblick, was Sie mit dem neuen Betriebssystem erhalten.

Vorteile
- Web-integrierte Ordner
- Viele Tools für digitale Medien (z.B. Programme für Bildbearbeitung, um Filme zu erstellen, um Musik zu komponieren etc.)
- Stabil und zuverlässig

Nachteile
- Teilweise verwirrende neue Schnittstellen
- Hohe Systemanforderungen

Welche Unterschiede ergeben sich fürs Surfen?

Die Unterschiede zwischen den verschiedenen Betriebssystemen sind, was die Einrichtung eines Internetzugangs und das Surfen angeht, gar nicht so groß. Ein Betriebssystem ist ein bisschen wie ein Schrank mit beschrifteten Schubladen und Kleidung darin:

Der Schrank ist das Betriebssystem. Auf den Schubladen steht „Eigene Dateien", „Word", „Excel", „Netscape" usw.
Und in den Schubladen liegen schließlich Socken, Hemden, T-Shirts. Dies sind die einzelnen Programmteile, schön sauber zusammengelegt, damit man auch alles findet ...

Zum Surfen muss man sich z.B. einen Internetzugang einrichten; man macht also eine dieser Schubladen auf ...
Ob der Schrank nun neu oder alt ist, hat zunächst mal keine Folgen für die Kleidung: Die Socken sind immer noch dieselben. Das bedeutet: Man öffnet die Schubladen „Internetzugang einrichten", „Browser" oder „T-Online" und nimmt sich das heraus, was man gerade benötigt. Anders aber als im wirklichen Leben, wo man in den neuen Schrank die gleichen T-Shirts einräumt, treten in den verschiedenen Versionen geringfügig unterschiedliche Schubladen auf. Scheuen Sie sich nicht – sollten Sie einmal eine Befehlsfolge nicht gleich finden – sich auf die Suche zu begeben: Unter *Start* → *Hilfe* finden Sie z.B. die Windows-eigene Hilfe. Informationen über alle Schlagwörter bzw. Befehlsfolgen können Sie dort nochmals nachlesen.

Tipp
Wollen Sie einen sehr schnellen Internetzugang, wählen Sie die DSL-Technik. Damit werden wesentlich höhere Übertragungsgeschwindigkeiten erreicht – was Sie allerdings auch bezahlen müssen: einmal der Telekom und zum zweiten Ihrem Provider ...

Anforderungen an das Modem

Der oben beschriebene Rechner genügt nicht für einen Internetzugang. Sie brauchen noch ein Modem, das die Verbindung zwischen Rechner und Telefonanschluss herstellt. Ein Modem „übersetzt" die PC-Daten in Signale, die auf der Telefonleitung übertragen werden können.

Modemarten

Es gibt prinzipiell zwei Typen: Interne und externe Modems. Interne Modems werden in den Rechner eingebaut. Sie sehen aus wie eine Steckkarte. Zum Einbau müssen Sie das Rechnergehäuse öffnen. Dort sehen Sie auf der Rückseite des PCs Steckerleisten, so genannte Slots. Stecken Sie die Modemkarte in eine beliebige freie Leiste so ein, dass alle Anschlüsse auf der Rückseite des PCs von außen zugänglich sind.

Externe Modems sind eigenständige Geräte und werden ähnlich wie ein Drucker außen an den Rechner angeschlossen: Sie müssen das Kabel, das Modem und Rechner verbindet, entweder an der seriellen Schnittstelle (auch COM1 oder COM2 genannt) oder an einem USB-Anschluss einstecken. Sollte Ihr PC einen USB-Anschluss haben, wählen Sie ein USB-Modem – es ist einfacher zu installieren

Anschluss ans Telefonnetz

Wenn Sie Modem und Rechner miteinander verbunden haben, müssen Sie als nächstes das Modem mit dem Telefonanschluss über ein Telefonkabel verbinden. In der Regel liegt dem Modem ein passendes Kabel bei, das an der TAE-Telefondose (normalerweise eine N-Buchse) angeschlossen werden kann. Nun müssen Sie noch bei dem externen Modem das Netzteil des Modems in die Steckdose stecken – fertig! Ihr Modem ist angeschlossen. Die Installation der Modemsoftware (Programme, die das Modem zur Kommunikation mit dem eigenen Rechner auf der einen Seite und dem Internet andererseits) wird weiter unten erläutert.

Tipp
Sollte Ihr Telefon nicht über eine TAE-Telefondose angeschlossen sein, brauchen Sie eine neue Buchse oder einen Adapter, den Sie in jedem Computerladen oder Elektrofachgeschäft bekommen. Inzwischen bieten auch viele Kaufhäuser solche Adapter an.

Auf den Punkt gebracht

- Achten Sie beim Modemkauf darauf, ob Sie über einen analogen oder einen ISDN-Anschluss verfügen. Davon abhängig brauchen Sie ein analoges oder ein digitales Modem.
- Wählen Sie ein Markenprodukt. Für solch ein Modem müssen Sie ca. 50 € investieren.
- Besorgen Sie sich eine Buchse, mit der Sie Telefon und PC gleichzeitig anschließen können – Sie sparen sich so das lästige Umstecken zwischen Telefon und PC an der TAE-Buchse.

Extern vor intern!

Bei der Auswahl des Modems sollten Sie darauf achten, ein externes Gerät zu wählen. Es hat den Vorteil, dass man Funktion und Betriebsart des Modems über LEDs, kleine Lämpchen an der Vorderseite, kontrollieren kann. Sie sehen, ob Ihr Modem an ist, ob eine Verbindung zum Internet besteht und ob Sie Daten empfangen oder versenden. Interne Geräte sind Steckkarten. Ihr Einbau ist aufwändiger (Sie müssen den Rechner öffnen) und Sie haben nur über den Rechner die Möglichkeit zu kontrollieren, ob Ihr Modem funktioniert.

Markenprodukte für einfache Installation

Bei der Modemwahl gilt – ähnlich wie bei der Rechnerwahl: Kaufen Sie Markenprodukte! Aber anders als beim Rechner, bei dem die Erweiterbarkeit und der Service wichtige Argumente waren, sind Markenmodems v.a. in der Installation sehr viel einfacher zu konfigurieren: Die Installationsroutinen der Hersteller sind ausgereift, und Sie profitieren als Verbraucher durch eine verkürzte und in der Regel unproblematische Modeminstallation.

Fax und Modem in einem

Sie sollten weiter darauf achten, ein 56K-Faxmodem zu kaufen, das der V.90-Norm entspricht. Es handelt sich dabei um einen Standard, in dem international gültige Normen für telegrafische und telefonische Installationen festgelegt sind. Die V.90-Norm ermöglicht Übertragungen bis zu 56 Kbps, die zurzeit maximal mögliche Übertragungsrate auf analogen Telefonleitungen. Mit einem Faxmodem können Sie nicht nur im Internet surfen, sondern auch Faxe senden und empfangen – ein kostenloser Zusatznutzen, den Sie nicht ausschlagen sollten.

Achtung Stau! – Die Datenautobahn

Mit diesen Vorgaben sollten ausreichend hohe Übertragungsgeschwindigkeiten gewährleistet sein. Aber dem ist nicht immer so: Zwar ist Ihr Modem in der Lage, 56 K zu übertragen, aber in der Surfrealität erreichen Sie häufig wesentlich geringere Geschwindigkeiten. Dies hat seine Ursache v.a. in der Auslastung des Internets: Ähnlich einer Autobahn für Fahrzeuge gilt auch im Internet: Sind zu viele unterwegs, geht die Geschwindigkeit runter. Häufig spricht man auch von einer Datenautobahn.

Die ISDN-Karte

Der eigene ISDN-Anschluss

Sie verfügen bereits über einen ISDN-Anschluss? Dann sollten Sie mit Ihrer Telefongesellschaft Kontakt aufnehmen! Erstens kann sie Ihnen bei der Auswahl der richtigen ISDN-Karte behilflich sein. Und zweitens bieten die Telefongesellschaften häufig vergünstigte Tarife in Verbindung mit einem ISDN-Anschluss an. Bei neu abgeschlossenen Verträgen ist der Internetanschluss meist schon dabei – Sie sparen Geld.

Wie funktioniert eine ISDN-Karte?

Der Internetzugang über einen ISDN-Anschluss hat gegenüber einem analogen Modem einige Vorteile. Der wichtigste: Ihr Zugang ist schneller. Über eine digitalisierte Telefonleitung – wie es der ISDN-Anschluss ist – können die digitalen Signale des Internets schneller übertragen werden. Der Unterschied wird Ihnen deutlich, wenn Sie den Lautsprecher eines analogen Modems anschalten. Sie hören Signale ähnlich denen, die Sie von einem Fax-Gerät kennen. Ein analoges Modem übersetzt die (digitale) Computersprache in die (analoge) Sprache des Telefons, also Töne und Signale. Haben Sie einen ISDN-Anschluss, sind die übertragenen Daten dagegen bereits digital. Die ISDN-Karte bereitet also die (digitalen) Signale des Computers lediglich für die (digitale) Sprache des Telefons auf. Logisch: Das übersetzen der digitalen Computersignale in analoge Telefonsignale kostet Zeit – und daher sind analoge Modems etwas langsamer als ISDN-Karten.

Von analog nach digital – Lohnt sich das?

Aber bitte bedenken Sie: Für den Internetanschluss benötigen Sie nicht unbedingt eine ISDN-Telefonanlage. Ein Wechsel von bisheriger analoger Technik auf digitale ISDN-Technik allein wegen des Internetanschlusses zahlt sich in der Regel nicht aus; lediglich der extreme Viel-Surfer kann unter Umständen daraus Vorteile ziehen. In erster Linie sind mit der ISDN-Anlage erhöhte Kosten verbunden: Für die Einrichtung des Anschlusses, den Kauf der Telefonanlage und schließlich für die monatlich anfallenden Gebühren.

Der Wechsel von analoger auf digitale Technik bietet viele Vorteile, die bisher Firmen vorbehalten waren: Zwei weitere Rufnummern, eine weitere Amtsleitung, Makeln, Telefonkonferenz, Anklopfen etc. Und: Ihr Telefon ist nicht mehr belegt, wenn Sie gerade online sind! Sollten Sie den Wechsel daher sowieso schon erwogen haben, ist jetzt ein günstiger Zeitpunkt dafür.

Zur Auswahl der richtigen ISDN-Karte

Alle am Markt erhältlichen ISDN-Karten verfügen über nahezu gleiche Ausstattungsmerkmale. Bei der Auswahl ist lediglich darauf zu achten, dass es sich um ein Markenprodukt handelt. Die Kostenunterschiede sind sehr gering.

Fragen zum Provider?

Wer auf die Datenautobahn will, braucht einen Provider, der ihm den Zugang verschafft. Ein Provider unterhält einen Server, also einen (oder mehrere) Computer, über die Sie ins Internet gelangen. Er ist quasi die erste Anlaufstation auf Ihrem Weg ins Internet – vergleichbar mit einer Mautstelle auf der Autobahn.

Providerarten

Jetzt beginnt die Qual der Wahl: Welcher Provider ist mit welchen Tarif- und Nutzungsbedingungen für Sie der beste? Es gibt drei Arten von Providern: Onlinedienste, Internet-Service-Provider und Internet-on-demand-Provider:

Onlinedienste

Einen vollständigen Zugang zum Internet, der alle Dienste umfasst, gewähren die kommerziellen Onlinedienste. Die größten Onlinedienste in Deutschland sind T-Online der Deutschen Telekom (www.t-online.de) und AOL (www.aol.de), der einem Konsortium aus American Online Inc. sowie den Verlagen Springer und Bertelsmann gehört. Technisch gleichen sich die Dienste: Jeder Dienst bietet seinen Nutzern eine einheitliche Benutzeroberfläche, Anfragen werden immer an den jeweiligen Zentralrechner übermittelt und von dort aus weiter verarbeitet.

Die Onlinedienste stellen neben dem Netzzugang eigene Angebote zur Verfügung, die nur von ihren Mitgliedern genutzt werden können. T-Online beispielsweise hat sich dank Homebanking (das Verwalten von Bankkonten von zu Hause aus) in den letzten Jahren zum Marktführer entwickelt.

Internet-Service-Provider (ISP)

Wer „nur" am Internetzugang interessiert ist, aber nicht an dem zusätzlichen Informationsangebot, ist bei einem Internet-Service-Provider richtig. Diese Firmen stellen den Zugang vom Telefon zum Internet her. Je nach Anbieter fallen Telefon und Nutzungskosten an. Mittlerweile existieren Provider, bei denen nur noch Telefongebühren anfallen (z. B. www.commundo.de , www.arcor.de und viele andere). Sie finanzieren sich z.B. über die Einblendung von Werbung auf ihren Startseiten.

Internet-on-demand-Provider

Diese werden häufig auch unter dem Stichwort „Internet-by-call" aufgeführt. Sie sind ein Spezialfall eines ISP und zeichnen sich durch spezielle Abrechnungsmodalitäten aus, da keine Grundgebühren anfallen.

Im Gegensatz zu den Onlinediensten bieten die Internetprovider nur eingeschränkte oder gar keine Zusatzleistungen an. Da aber beispielsweise viele Banken inzwischen virtuelle Geldschalter direkt im Internet eröffnet haben, halten sich die Nachteile bei einem Provider in Grenzen.

Providerwahl und Kosten

Kriterien bei der Providerwahl

Die Entscheidungskriterien bei der Auswahl des Providers sind endlos. Folgende Aufstellung versucht ein bisschen Licht ins Dunkel zu bringen und Ihnen einen Überblick zu verschaffen.

> **Tipp**
> Eine Hilfe zur Providerwahl bietet Ihnen die Computer-Zeitschrift c't unter „Provider-Suche" bei www.heise.de/itarif/ . Unter „Provider nach Maß" einfach die Vorwahl eingeben, und Sie erhalten eine Liste alle Provider, die Sie zum Ortstarif erreichen können.

Wichtige Entscheidungskriterien sind:

- **Übertragungsgeschwindigkeit** und **Zugang**: Ist der Provider ein T-Online-Reseller (d.h. er kauft den Internetzugang selber von T-Online ein) oder unterhält er ein eigenes Netz?
- **Zusatzdienste**: Welche Zusatzdienste wie Mail, News, FTP usw. sind im Preis inbegriffen? Bekommen Sie *webspace*, also Platz auf dem Server des Providers, für eine eigene Homepage? Wie lange werden E-Mails gespeichert? Wie viel Speicherplatz dürfen E-Mails auf dem Server des Providers belegen?
- **Erreichbarkeit**: Kann der Provider zum Ortstarif erreicht werden? Wie viele Server unterhält der Provider?
- **Qualität der technischen Hilfe** in Notfällen: Gibt es eine Hotline für eventuelle Probleme? Kostet die Pannenhilfe etwas?
- **Vertragslaufzeit** und **Kündigungsfrist**: Wie lange sind Sie an den Provider gebunden?
- **Surfgewohnheiten**: Wie viele Stunden sind Sie pro Woche online? Surfen Sie hauptsächlich tagsüber, abends oder am Wochenende?

Und schließlich:

- **Kosten**: Was kostet das alles?

Diese Kriterienliste ließe sich nahezu endlos fortsetzen. Wie sollen Sie jetzt auswählen? Welche Kriterien für Sie von besonderer Bedeutung sind, können natürlich nur Sie entscheiden. Aber zwei Punkte sind besonders hervorzuheben, da sie erheblichen Einfluss auf Ihre Geldbörse haben können: Ihre Surfgewohnheiten und die damit verbundenen Kosten.

Nächtliches Surfen ist billiger! Vermeiden Sie den täglichen Datenstau – nachts ist weniger los im Netz! Dies erhöht die Übertragungsgeschwindigkeit und spart Kosten.

Tipp
Testen Sie sich! Prüfen Sie, wie oft Sie online gehen, wann Sie surfen, welche Dienste Sie in Anspruch nehmen. Für die Test-Zeit ist es empfehlenswert, einen Provider zu wählen, der kurze Vertragslaufzeiten hat. Dazu zählen alle Internet-by-call-Provider, die überhaupt keine Kündigung brauchen. Haben Sie etwas Erfahrung gesammelt, fällt es Ihnen sicher sehr viel leichter, sich für einen Provider zu entscheiden!

Kostenarten

Für private Anwender ist der Internetzugang eine Verbindung via Modem oder ISDN. Damit ist Ihr örtlicher Telefonanbieter – wie z.B. die Telekom – fast immer mit von der Partie. Daneben sind natürlich Kosten des jeweiligen Providers zu beachten. Man unterscheidet dabei folgende Kostenarten:

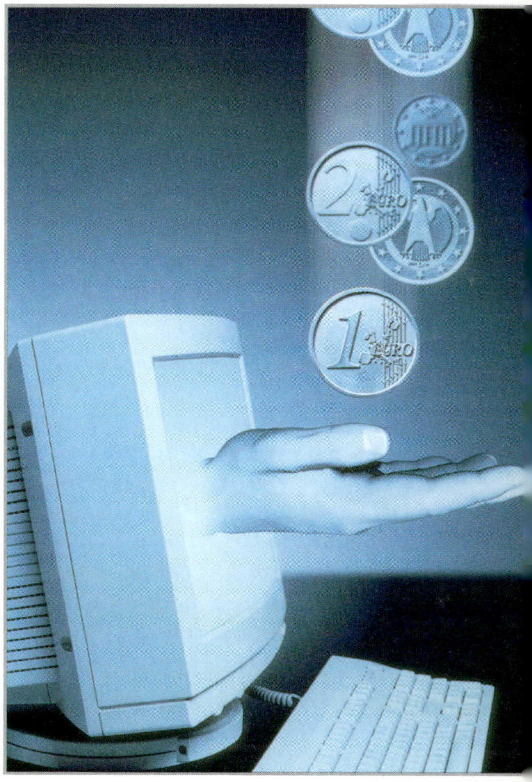

- **Grundgebühr**: Festbetrag, der in der Regel monatlich gefordert wird.
- **Einwahlentgelt** oder **Verbindungsentgelt**: Je Einwahlvorgang/Verbindungsaufbau wird unabhängig von der Nutzungsdauer eine Gebühr verlangt.
- **Nutzungsentgelt**, Bemessung über die Nutzungsdauer: Jede Stunde, die Sie online sind, wird in Rechnung gestellt. Daneben gibt es Nutzungsentgelte, die abhängig von der Tageszeit berechnet werden: Wie bei der Telekom zahlen Sie unter Umständen tagsüber etwas mehr als abends oder in der Nacht, wenn die Leitungen weniger belastet sind. Eine weitere Form von Nutzungsentgelt wird über die übertragene Datenmenge bemessen: Weniger für den privaten, als für den kommerziellen Kunden eine übliche Abrechnungsform.

Als Besonderheiten sind weiter zu beachten:

- **Pauschaltarif** (engl. *flatrate*): Man bezahlt unabhängig von Datenmenge und Nutzungsdauer einen monatlich konstanten Betrag. Achten Sie darauf, ob die Telefongebühren bereits beinhaltet sind oder ob sie separat abgerechnet werden müssen. Bei den Flatrates können Sie sich die Berechnung sparen: Sie zahlen einmal im Monat eine Pauschale und können surfen, so lange sie wollen.
- **Freistunden**: Sind eine bestimmte Anzahl von Freistunden verbraucht, wird die weitere Nutzungsdauer nach Minuten oder Stunden verrechnet.

Welche Kosten Ihnen am Ende tatsächlich entstehen, können jedoch nur Sie alleine berechnen, da Sie selbst am besten wissen, zu welchem Surfertyp Sie gehören.
Es spielt beispielsweise eine Rolle, wann Sie surfen: Tagsüber und unter der Woche sind bei einigen Providern die Telefonkosten höher als am Wochenende, Sie können also Geld sparen, indem Sie Ihre Surfzeiten auf den Abend legen. Andererseits verlangen einige Provider wiederum unabhängig von der Zeit immer die gleichen Telefongebühren und rechnen diese direkt mit der Telekom ab. Bei diesen Anbietern ist es egal, wann Sie surfen. Zur Berechnung Ihrer Internetkosten finden Sie auf der folgenden Seite eine Tabelle, mit deren Hilfe Sie einen Providervergleich durchführen können.

Auf den Punkt gebracht
Ihre gesamten Gebühren setzen sich aus einer oder mehreren Kostenarten zusammen.
Sie können Ihre Onlinekosten nach dieser Formel selbst bestimmen:

Onlinekosten =
Telefonkosten
\+ Grundgebühr
\+ Einwahlentgelt
\+ Nutzungsentgelt

Tipp
Sie können sich den Internetgebührenrechner auch aus dem Netz herunterladen und Ihrem Provider bei der Gebührenberechnung über die Schulter schauen (www.internet-schule.com).

Berechnen Sie Ihre Internetgebühren selbst!

Tragen Sie hier die Providerdaten ein				
1 **Providername**				Hier tragen Sie den Anbieter ein.
2 **Tarif**				Hier tragen Sie den Angebotsnamen ein.
3 **Freistunden** (h)				Bekommen Sie Freistunden?
4 **Telefonkosten** (€/min)				Sind die Telefonkosten in den Providergebühren bereits enthalten oder müssen Sie sie separat bezahlen?
5 **Grundgebühr** (€)				Wie hoch ist die Grundgebühr des Providers?
6 **Nutzungsentgelt** (€/min)				Wie hoch ist das Nutzungsentgelt des Providers?
7 **Einwahlentgelt** (€)				Kassiert der Provider für jede Einwahl?
8 **Mindestumsatz** (h)				Schreibt der Provider einen Mindestumsatz vor, also z.B. Mindeststundenzahl?
Tragen Sie hier Ihre persönlichen Surfgewohnheiten ein				
9 **Nutzungsdauer** (min)				Wie lange surfen Sie?
10 **Einwahl**				Wie oft surfen Sie?
Berechnen Sie hier Ihre Onlinekosten				
11 **Telefon** (€)				Berechnen Sie hier Ihre Telefonkosten, indem Sie Zeile **4** mit Zeile **9** multiplizieren → **Zeile 4 × Zeile 9**
12 **Grundgebühr** (€)				Tragen Sie hier die Grundgebühr aus Zeile **5** ein: → **Zeile 5**
13 **Einwahl** (€)				Berechnen Sie hier Ihr Einwahlentgelt, indem Sie Zeile **7** mit Zeile **10** multipliziere → **Zeile 7 × Zeile 10**
14 **Nutzung** (€)				Berechnen Sie hier Ihr Nutzungsentgelt, indem Sie Ihre gebührenpflichtigen Onlinestunden (Nutzungsdauer – Freistunden) mit dem Nutzungsentgelt multiplizieren, also: → **(Zeile 9 – Zeile 3) × Zeile 6** Ist Ihre Nutzungsdauer (Zeile **9**) geringer als der vorgeschriebene Mindestumsat (Zeile **8**), tragen Sie hier ein: → **Zeile 8 × Zeile 6**
15 **Gesamt** (€)				Berechnen Sie hier Ihre gesamten Onlinekosten, indem Sie die Zeilen **11** bis **14** zusammenzählen, also: → **Zeile 11 + Zeile 12 + Zeile 13 + Zeile 14**

Anmeldung beim Provider

Haben Sie sich für einen Provider entschieden, müssen Sie sich nur noch anmelden. In der Regel genügt hier ein Telefonanruf. Der Provider schickt Ihnen dann alle benötigten Unterlagen per Post zu. Je nach Provider können das ein Benutzername, Kennwort oder Benutzernummer oder auch ein komplettes Softwarepaket sein, das alle zur Installation notwendigen Programme enthält (z.B. bei T-Online oder AOL). Schon wieder ein Kennwort? Schon wieder eine Benutzernummer? Software-Installation? Keine Sorge: Die Unterlagen sind übersichtlich gehalten, und mit den folgenden Erklärungen ist der Internetanschluss kein Problem.

Tipp

Unter www.onlinekosten.de/ können Sie nachlesen, welche Erfahrungen private Surfer mit Providern gemacht haben. Sie finden dort auch wichtige Informationen zu Kosten und Tarifen sowie eine ständig aktualisierte Übersicht über alle Anbieter.

Internetgebühren setzen sich aus vielen Posten zusammen.
Beobachten Sie Ihr Surfverhalten und wählen Sie einen Provider, der für Sie günstig ist.

Auf den Punkt gebracht

- Sie brauchen einen Rechner? Achten Sie auf die Angebote in den Tageszeitungen und von großen PC-Geschäften. Diese umfassen meistens auch Betriebssystem und weitere Software. Vergewissern Sie sich, dass die Firma einen PC-Service anbietet (Reklamationen!). Ansonsten gilt: Auch ein „einfacher" PC genügt völlig, um surfen zu können!
- Für den Modemkauf müssen Sie Ihren Telefonanschluss (ISDN oder analog) kennen – kaufen Sie einfach das entsprechende Modem.
- Bei der Providerwahl sollten Sie sich Zeit lassen. Nutzen Sie zunächst einen Internet-by-call-Anbieter, bis Sie Ihre Surfgewohnheiten kennen gelernt haben.

DER ANSCHLUSS ANS NETZ

Online in vier Schritten

Beschaffung der Software

Sie kennen jetzt die Internetgrundlagen, wissen, wie das Internet funktioniert und haben im Vorfeld bereits folgende Entscheidungen getroffen und auch realisiert:

- **Sie besitzen einen Computer mit Modem.**
- **Sie haben sich für einen Provider entschieden.**

Das folgende Kapitel widmet sich dem Internetzugang: Jetzt wollen Sie endlich ins Internet. Was Sie dazu noch brauchen: Software.

Die benötigte Software haben Sie entweder bereits von Ihrem Provider erhalten oder Sie haben sich eine Computerzeitschrift besorgt, der alle notwendige Software auf einer CD-ROM beiliegt. Machen Sie sich bei der Auswahl nicht allzu viele Gedanken: Fast alle derzeit am Markt erhältlichen PC-Zeitschriften haben die aktuellen Browser dabei – also das Programm, das Sie für das Surfen im Internet brauchen. Achten Sie also darauf, dass eine CD-ROM beiliegt, auf der die aktuellen Browser abgespeichert sind. Es sollten als Schlagworte auf jeden Fall auftauchen: Browser, Netscape Communicator oder Microsoft Internet Explorer.

Alles parat?

Sie haben bis hierher alle wichtigen Entscheidungen, die bei einem Internetanschluss getroffen werden müssen, kennen gelernt. Aber Sie haben noch nichts auf Ihrem (vielleicht frisch gekauften) Rechner installiert. Im folgenden Kapitel lernen Sie nun, was zu tun ist, damit Sie ins Internet gelangen.

Für die folgenden Schritte brauchen Sie Ihren Rechner, ein Modem, den Telefonanschluss und eventuell die Software Ihres Modems und Ihres Providers. Sie sollten außerdem die Installations-CD-ROM Ihres Betriebssystems bereitlegen.

Starten Sie den Rechner und überprüfen Sie, ob alles funktioniert. Ist dies der Fall, läuft der Anschluss Ihres Computers ans Netz in vier Schritten ab:

1. Sie schließen Ihr Modem an den Rechner an.
2. Sie richten Ihr Modem ein.
3. Sie installieren eventuell benötigte Software.
4. Sie richten die Software ein.

Sie werden nun einen Schritt nach dem anderen kennen lernen und an Ihrem Rechner umsetzen. Im Folgenden wird der Internetanschluss beispielhaft über ein externes Modem erklärt. Hinweise auf Besonderheiten beim internen Modem finden Sie aber als „Tipp“. Nun kann es losgehen!

Anschluss des Modems

Der erste Schritt besteht also im Anschluss des Modems an den Rechner. Packen Sie Ihr Modem aus und kontrollieren Sie zuerst, ob alle benötigten Teile vorhanden sind. Im Fall eines externen Modems sind dies:

- Das Modem selbst
- Ein Kabel für den Stromanschluss (Netzteil)
- Ein Kabel für den Anschluss des Modems an den Computer
- Ein Kabel für den Telefonanschluss (Modem zu Telefonbuchse)
- Software

Tipp

Haben Sie sich ein internes Modem gekauft, reduziert sich die Liste. Sie brauchen kein Netzteil und kein Anschlusskabel zwischen Modem und PC; beides geschieht über den internen Steckplatz.

Machen Sie nun Ihren PC aus, falls dies nicht schon geschehen ist. Stellen Sie mit dem beigelegten Kabel die Verbindung zwischen Modem und Computer her. Sie erkennen das Kabel daran, dass es an einem Ende in einem seriellen Schnittstellenanschluss endet, der in eine Buchse in der Rückwand des Computers gesteckt werden muss.

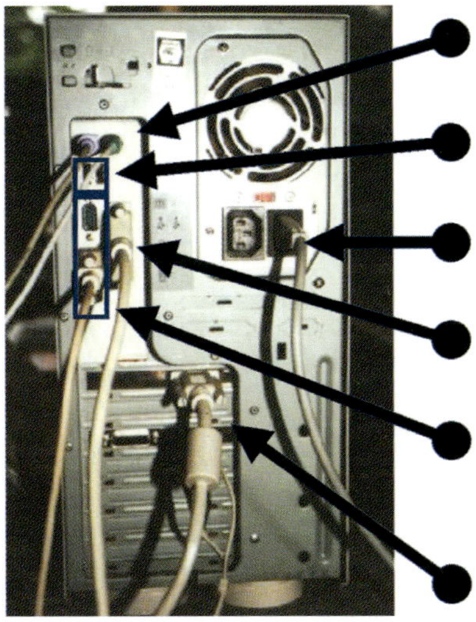

Tastatur und Maus

USB-Schnittstellen

Stromanschluss

Drucker

Serielle Schnittstellen COM1/COM2, (mit angeschlossenem Modem auf COM2)

Monitor, Boxen

Ein externes Modem wird an einer seriellen Schnittstelle (COM-Port) angeschlossen. Ein Computer hat in der Regel zwei serielle Schnittstellen, COM1 und COM2. Achten Sie beim Einstecken des Modems darauf, an welcher Stelle Sie das Modem einstecken. Unter Umständen benötigen Sie diese Information etwas später noch einmal. Die Schnittstellen sind auf der PC-Rückseite beschriftet. Bei älteren Rechnern ist COM1 von der Maus belegt, das Modem wird also über COM2 angeschlossen. Neuere Rechner haben beide Schnittstellen frei. Besitzen Sie ein USB-Modem, können Sie einen beliebigen freien USB-Steckplatz wählen – der PC erkennt alle notwendigen Informationen automatisch.

Das andere Ende des Kabels stecken Sie in die entsprechende Buchse des Modems. Daneben schließen Sie nun das Telefonkabel an.

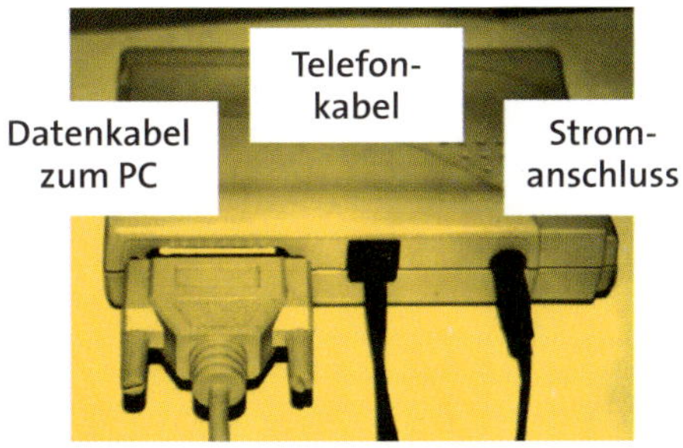

Anschluss des Modems

Als nächstes schließen Sie das Telefonkabel an die Telefonbuchse an.

Stellen Sie nun die Stromversorgung für Ihr Modem mit dem beigelegten Kabel her. Kontrollieren Sie, ob Sie einen Steckdosenplatz frei haben. Ist dies nicht der Fall, kaufen Sie sich eine Steckerleiste mit mindestens vier, besser fünf Steckdosen, am besten eine schaltbare, noch besser eine mit Überspannungsschutz. Über diese Steckerleiste können Sie nun Ihren Computer, Monitor, Drucker (sofern vorhanden) und jetzt Ihr Modem mit Strom versorgen. Haben Sie in eine Fünferleiste investiert, können Sie später auch noch einen Scanner oder andere Peripheriegeräte anschließen. Sie bekommen solche Steckerleisten in jedem Baumarkt und vielen Kaufhäusern.

Fertig ist Ihr Modemanschluss! Sie haben jetzt dafür gesorgt, dass die Hardware funktionsbereit ist. Testen Sie nun ein erstes Mal das Modem: Schalten Sie es ein, und die Kontrolllämpchen an der Vorderseite beginnen kurz zu blinken. Dies ist ein gutes Zeichen: Ihr Modem funktioniert.

Alle folgenden Schritte können Sie nun bequem vom Computer aus erledigen. Nun geht es darum, Ihr Modem einzurichten. Sie müssen also dafür sorgen, dass sich Computer und Modem „verstehen" und miteinander Daten austauschen können.

Tipp
Haben Sie ein Problem mit den Anschlüssen? Passen die mitgelieferten Stecker nicht in die entsprechenden Buchsen? Das kann sowohl bei der Telefonanschlussbuchse als auch bei der Schnittstellenbuchse passieren. Sie bekommen die entsprechenden Adapter bei Ihrem EDV-Händler. Am besten nehmen Sie die „falschen" Anschlüsse mit und zeichnen sich auf, welche „richtigen" Anschlüsse Sie benötigen. Ihr EDV-Händler findet dann sofort den passenden.

Einrichtung des Modems

Der zweite Schritt zum Anschluss ans Netz besteht in der Einrichtung des Modems. Bei diesem Schritt erhalten Sie von Ihrem Betriebssystem Hilfe: Der Modemassistent führt Sie durch die Einstellungen zur Einrichtung Ihres Modems. Legen Sie sich die Software, die Ihrem Modem beilag, und Ihre Installations-CD-ROM Windows 95/98/2000 oder NT bereit.

Schalten Sie zunächst Ihr Modem und dann Ihren Computer an. Beobachten Sie, was nun geschieht: Der Computer erkennt, dass Sie eine neue Hardware angeschlossen haben, und startet automatisch die Modeminstallation. Die automatische Hardwareerkennung arbeitet in der Regel fehlerlos. Lediglich bei älteren, exotischen oder ganz neuen Modellen kann es unter Umständen zu Problemen kommen. Haben Sie die obigen Tipps für die Modemwahl beherzigt, wird es keine Probleme geben. Sollte die Hardwareerkennung nicht funktionieren, müssen Sie die Modeminstallation von Hand (manuell) starten. Doch auch dies geht sehr einfach:

Rufen Sie unter *Start* → *Einstellungen* → *Systemsteuerung* die *Systemsteuerung* auf. Sie erhalten dann obigen Bildschirm: Wählen Sie *Modems*.

Sie erhalten daraufhin einen Bildschirm, der ungefähr so aussieht (Abb. rechts):
In diesem Fenster *Eigenschaften von Modems* klicken Sie auf die Schaltfläche *Hinzufügen*.

Einrichtung des Modems

Es erscheint folgendes Fenster (Abb. rechts):

Sie können nun entweder Ihr Modem auswählen (Schaltfläche *Modem wählen* aktivieren und *Weiter*) oder die automatische Hardwareerkennung starten (nur *Weiter* wählen).

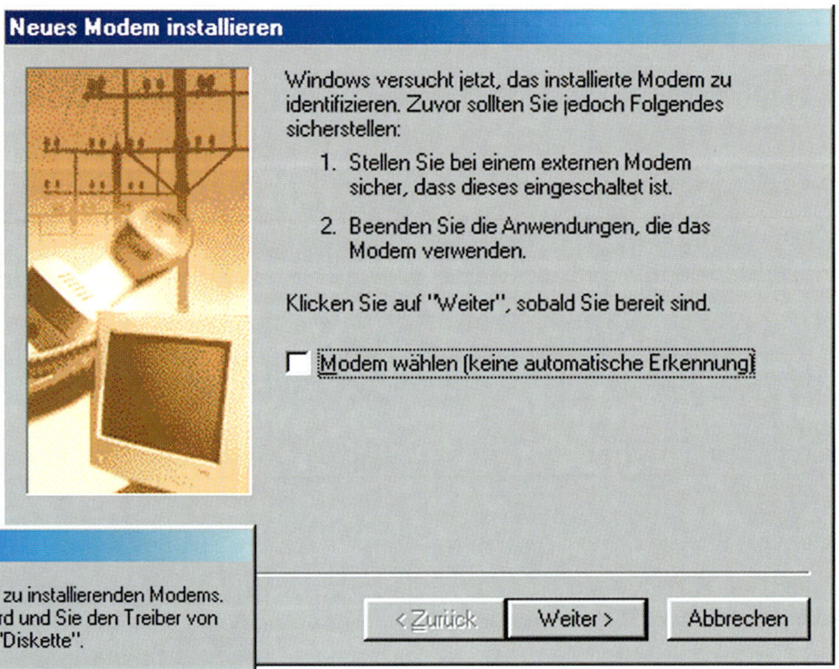

Wenn Sie sich für *Modem wählen* entschieden haben, erscheint folgender Bildschirm (Abb. unten):

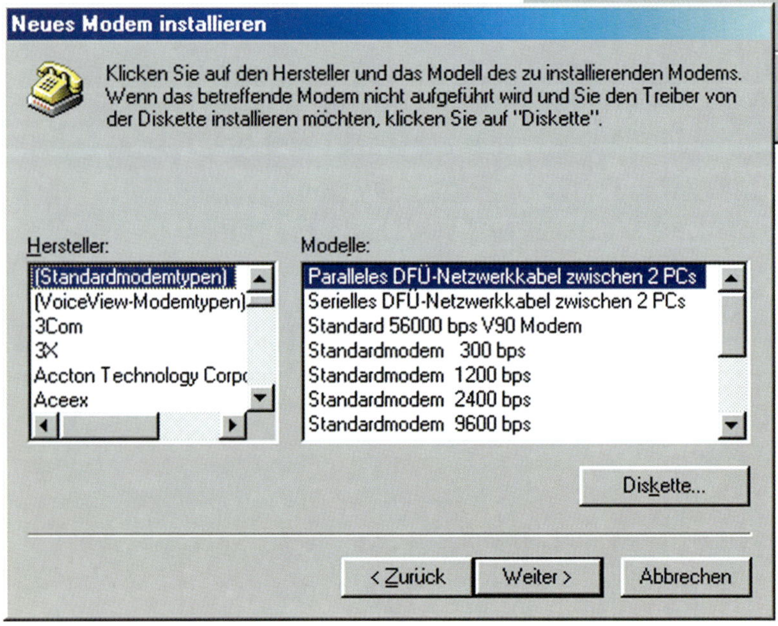

Sie können aus der Liste der Hersteller und ihrer Produkte dann Ihr Modem auswählen.

Ist Ihr Modem in der Liste nicht aufgeführt, haben Sie die Möglichkeit, die dem Modem beiliegende Software zu verwenden.

Legen Sie die Diskette oder CD-ROM, die Ihrem Modem beilag, ein. Klicken Sie auf die Schaltfläche *Diskette*. In der Regel geht dann alles weitere automatisch; falls nicht, wählen Sie den Ort der entsprechenden Treiberdatei (Disketten- oder CD-ROM-Laufwerk).

Egal welchen Weg Sie gewählt haben (automatisch oder manuell): Sie müssen nun ein Weilchen warten. Erhalten Sie die Meldung, dass Ihr Modem erkannt wurde, bestätigen Sie dies mit *Weiter*. Die Treiberdateien werden jetzt eingespielt. Das dauert ein bisschen – Haben Sie also ein wenig Geduld und lehnen Sie sich zurück ...
Am Ende bekommen Sie die Meldung, dass Ihr Modem jetzt konfiguriert ist. Wählen Sie die Schaltfläche *Fertig stellen*.

Sie erhalten nun folgenden Bildschirm (Abb. rechts):

Ihr Modem wird nun in diesem Fenster angezeigt.
Modem und Rechner „verstehen“ sich jetzt.

Als nächstes müssen Sie dafür sorgen, dass auch Modem und Telefonanschluss „harmonieren“. Klicken Sie dafür das Schaltfeld *Wählparameter* an.

Sie bekommen folgendes Fenster (Abb. unten):

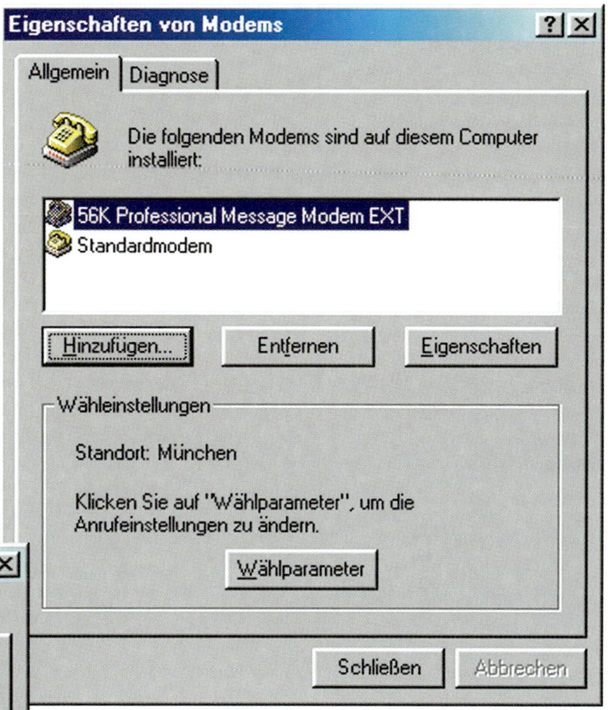

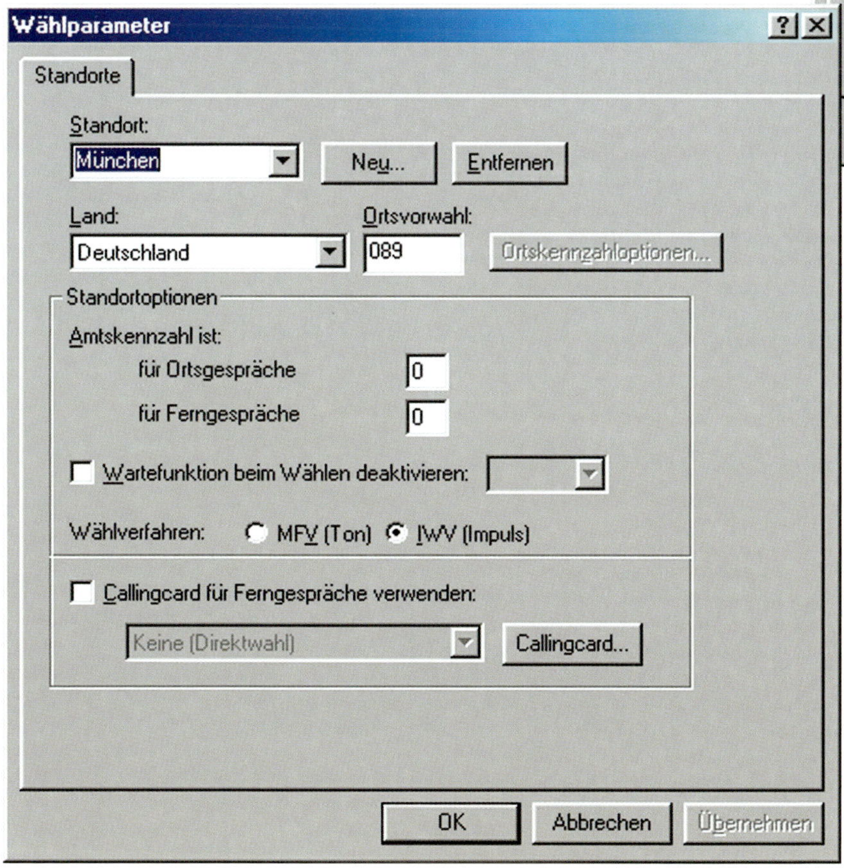

Tragen Sie hier Ihre persönlichen Daten zu Standort, Land und Vorwahl ein.

Im Bild ist ein Beispiel für eine Nebenstellenanlage dargestellt. Sie können von diesem Anschluss aus nur telefonieren, wenn Sie eine Null vorwählen. Über diese Information muss natürlich auch das Modem verfügen. Geben Sie unter „Amtskennzahl“ die entsprechende Ziffer ein (hier die 0). Die Ortsvorwahl bleibt hiervon natürlich unverändert.

Haben Sie alles eingegeben, bestätigen Sie alles mit *OK* und *Schließen*. – Fertig! Ihr Modem ist nun eingerichtet und betriebsbereit. Einige der Funktionen können Sie jetzt bereits nutzen, z.B. Faxe versenden.

Tipp

Sie kennen Ihr Wählverfahren nicht? Kein Problem! In der Regel haben Sie in Deutschland MFV (Ton), wenn Sie an einer digitalen Vermittlungsstelle der Telekom angeschlossen sind. Tonwahl beschleunigt den Verbindungsaufbau. Sind Sie sich nicht sicher, wählen Sie IWV (Impuls). Bei der Impulswahl geht der Verbindungsaufbau zwar langsamer vonstatten, dafür funktioniert er immer.

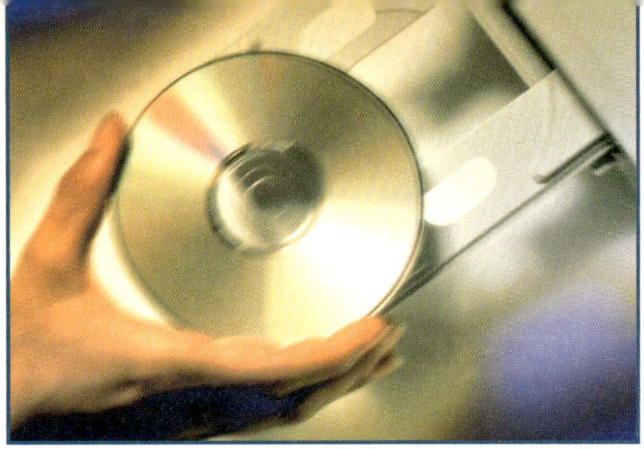

Installation der Software

Providersoftware und Browser

Der dritte Schritt zum Anschluss ans Netz besteht in der Installation der benötigten Software. Dabei sind zwei Gruppen zu unterscheiden: Erstens brauchen Sie Ihre Providersoftware, Programme, die Sie von Ihrem Provider bei der Anmeldung erhalten haben. Zweitens benötigen Sie einen so genannten Browser, der allen gängigen Computerzeitschriften mit CD-ROM beiliegt und in der Regel vom Provider auch gleich mitgeliefert wird. Das ist eine Software, die Ihnen das Ansehen von Internetseiten und das Versenden von E-Mails erlaubt. Gängige Browser sind der Internet Explorer von Microsoft (der der Windows-98-CD-ROM beiliegt und bei der Installation automatisch eingerichtet wird) oder Netscape Communicator. Haben Sie sich für T-Online, AOL oder einen anderen Provider mit eigener Software entschieden, sollten Sie jetzt Ihre Providersoftware auf den Computer spielen.

Installation

Schalten Sie Ihr Modem ein. Schließen Sie zunächst alle laufenden Programme, um Fehler bei der Installation zu vermeiden. Die folgenden Schritte zeigen die Installation beispielhaft für T-Online. Legen Sie nun die Installations-CD von T-Online ein. Die CD-ROM sollte in jedem Betriebssystem automatisch starten. Sollte dies nicht der Fall sein, wählen Sie im Windows-Explorer (*Start* → *Windows-Explorer*) Ihr CD-ROM-Laufwerk (in der Regel D:) und starten Sie die Datei *start32*.
Im folgenden Menü können Sie sich entweder über T-Online informieren oder das Installationsmenü aufrufen. Zum Installieren Ihres Internetzugangs müssen Sie die Option *T-Online Software installieren* aufrufen. Schließen Sie alle Programme, sofern Sie dies nicht schon getan haben, und bestätigen Sie die folgenden Anweisungen und Informationen mit *Weiter*. Lesen Sie als nächstes den Lizenzvertrag und bestätigen Sie ihn. Sollten Sie sich für einen anderen Provider entschieden haben, schauen Sie im Kapitel *Internetzugang über ein DFÜ-Netzwerk* (S. 37 - 39) nach.

Tipp

Die beschriebenen Schritte können Sie auch in der mit der Anmeldung erhaltenen Zeitschrift nachlesen.

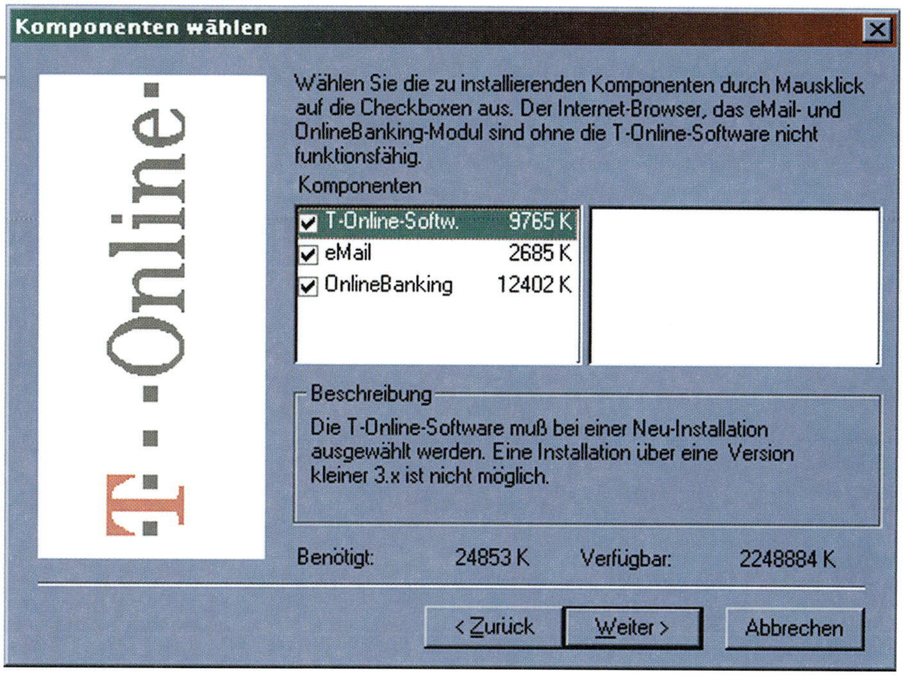

In den nun folgenden Fenstern werden Sie gefragt, welche Komponenten installiert werden sollen. Die Vorschläge von T-Online können Sie ruhigen Gewissens annehmen. Bestätigen Sie also die Vorschläge zu T-Online-Software, E-Mail, Onlinebanking und Plug-Ins: Alle Kästchen (engl. *Checkbox*) vor den entsprechenden Komponenten müssen mit einem Häkchen (mit der Maus anklicken) gefüllt sein. Als WWW-Browser haben Sie die Wahl: Microsoft oder Netscape? Eine Entscheidungshilfe finden Sie im Kapitel *Der Browser – Das Progamm zum Surfen*, S. 40.

Tipp

Beachten Sie: Anschlusskennung und Anschlussnummer sind nicht gleich!

Die Vorschläge von T-Online zu Zielordner und Programmgruppe können Sie ebenfalls mit *Weiter* bestätigen. Jetzt beginnt das Kopieren der Software von der CD auf Ihren Rechner, das Sie durch die Meldung *Das T-Online-Software Setup wird ausgeführt* angezeigt bekommen. Sie müssen nochmals dem Lizenzvertrag zustimmen, dann startet Ihr Computer neu.

Als letztes sind Sie noch einmal gefordert: Tragen Sie Ihre Zugangsdaten, die Sie von T-Online erhalten haben, in folgende Eingabemaske ein (Abb. rechts unten):

Den Profilnamen können Sie beim ersten Anwählen frei wählen. Achten Sie auf die Bezeichnungen von T-Online: In Ihrem Schreiben sind Anschlusskennung und T-Online-Nummer angegeben, geben Sie genau (!) diese Daten ein. Bei einer Neuanmeldung ist die Mitbenutzernummer meist „0001“ und entspricht den letzten vier Ziffern der Anschlussnummer auf Ihrem Anmeldeschein.

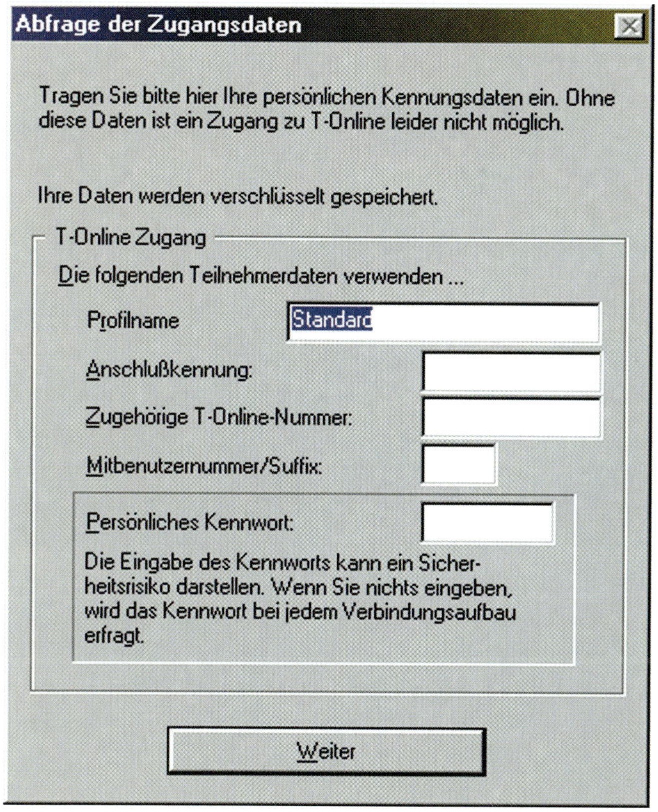

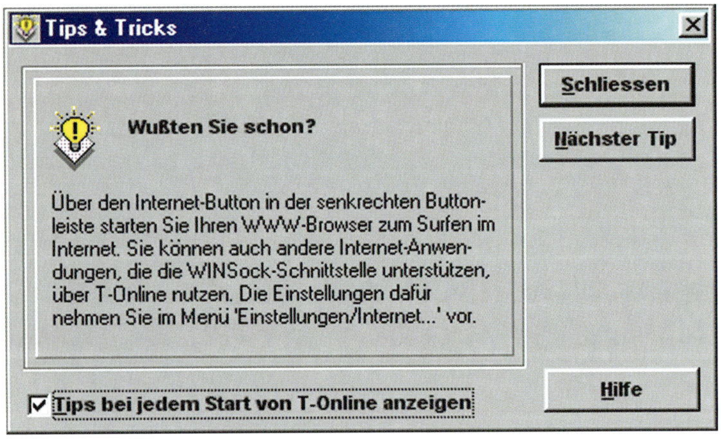

Einrichtung der Software

Einrichten oder der erste Start

Sie haben jetzt die Software installiert und müssen sie nun – als vierten und letzten Schritt – einrichten. Dazu nennen Sie der T-Online-Software Ihre Benutzer- und Rechnerdaten. Starten Sie die Software *(Start → Programme → T-Online → T-Online)*. Es erscheint das Startfenster der T-Online-Software. Schließen Sie die *Tips & Tricks*.

Es erscheint automatisch folgendes Konfigurationsmenü (Abb. rechts):

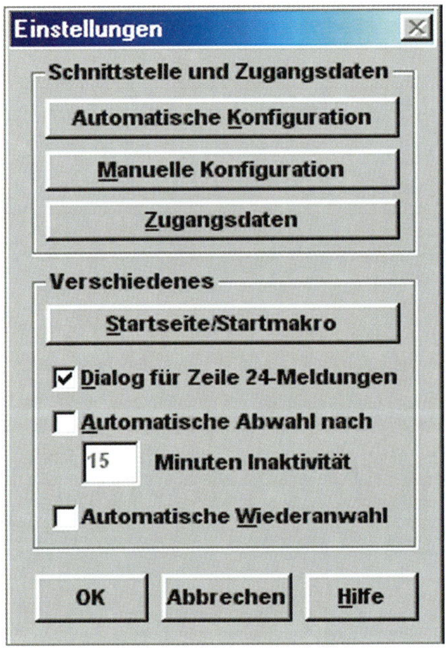

Wählen Sie die *Automatische Konfiguration* und im nächsten Fenster *Automatisch konfigurieren*. Es dauert nun einen Moment, bis eine Reihe von Tests durchgeführt sind, lehnen Sie sich also wieder zurück und schauen was passiert ... Zum Abschluss der Einrichtung wird T-Online angewählt und wieder beendet.

Sollten Probleme bei der Einrichtung auftauchen (Sie erhalten in diesem Fall eine Meldung), können Sie Ihr Modem auch von Hand unter *Manuelle Konfiguration* einstellen.

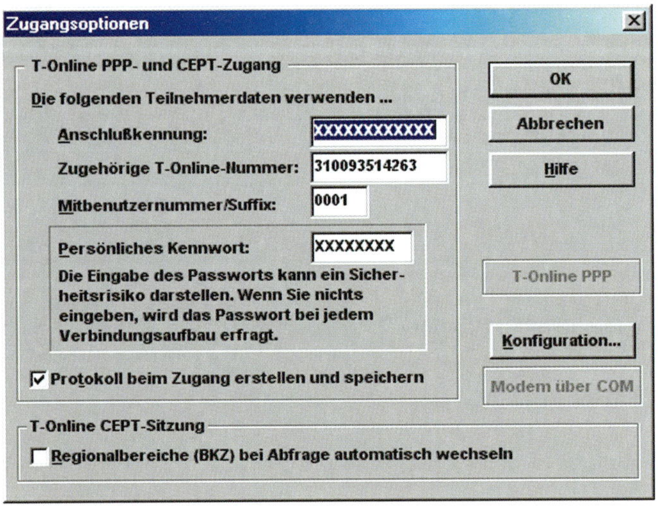

Als nächstes werden Sie aufgefordert, Ihre *Zugangsoptionen* (Abb. links) einzugeben. Tragen Sie hier Ihre Zugangsdaten ein. Das *Persönliche Kennwort* haben Sie ebenfalls von T-Online erhalten, Sie können es später online ändern.

Tipp

Beachten Sie: Ihr persönliches Kennwort ist Ihr Schlüssel zur Internetwelt – und für alle anderen zu Ihrer Telefonrechnung. Bewahren Sie es also sorgfältig auf. Hat ein anderer Ihr Kennwort, kann er auf Ihre Kosten surfen, kostenpflichtige Dienste abrufen usw. Sollten Sie es vergessen, haben Sie bis zu neun Versuche, sich daran zu erinnern – dann ist Ihr Zugang für einen Tag gesperrt. Nach einem Tag können Sie also neun neue Versuche starten ... Sollte Ihnen trotz wiederholter Versuche nichts einfallen, schreiben Sie einfach an die Telekom. Die Vergabe eines neuen Kennworts ist kostenlos, der Schaden also relativ klein.

Das erste Mal online

Testen Sie nun, ob Sie bereits Zugang zu Ihrem Provider haben. Starten Sie die T-Online-Software, und Sie erhalten diesen Bildschirm:

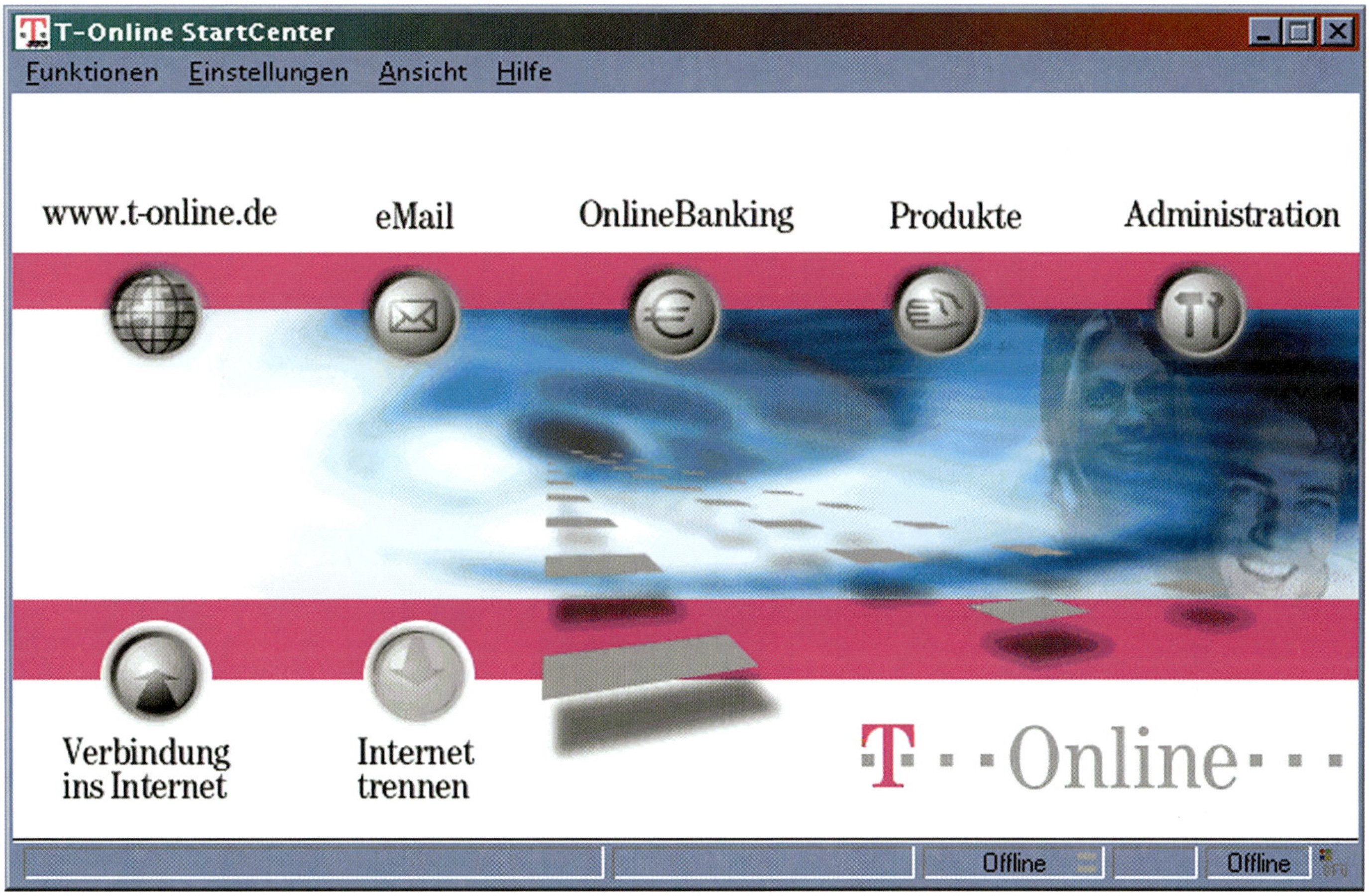

Jetzt sollten Sie ausprobieren, ob Sie auch ins Internet gelangen. Klicken Sie auf den Button *Verbindung ins Internet*. Nun wird eine Verbindung aufgebaut (Abb. rechts). Das dauert einen Moment, dann meldet sich der Provider bei Ihnen am Bildschirm. Im Hintergrund öffnet sich jetzt automatisch Ihr Browser und zeigt die Homepage von T-Online.

Das erste Mal online

Ihr Browser startet und Sie erhalten den ersten Bildschirm im WWW, der etwa so aussieht (hier als Beispielbrowser Netscape):

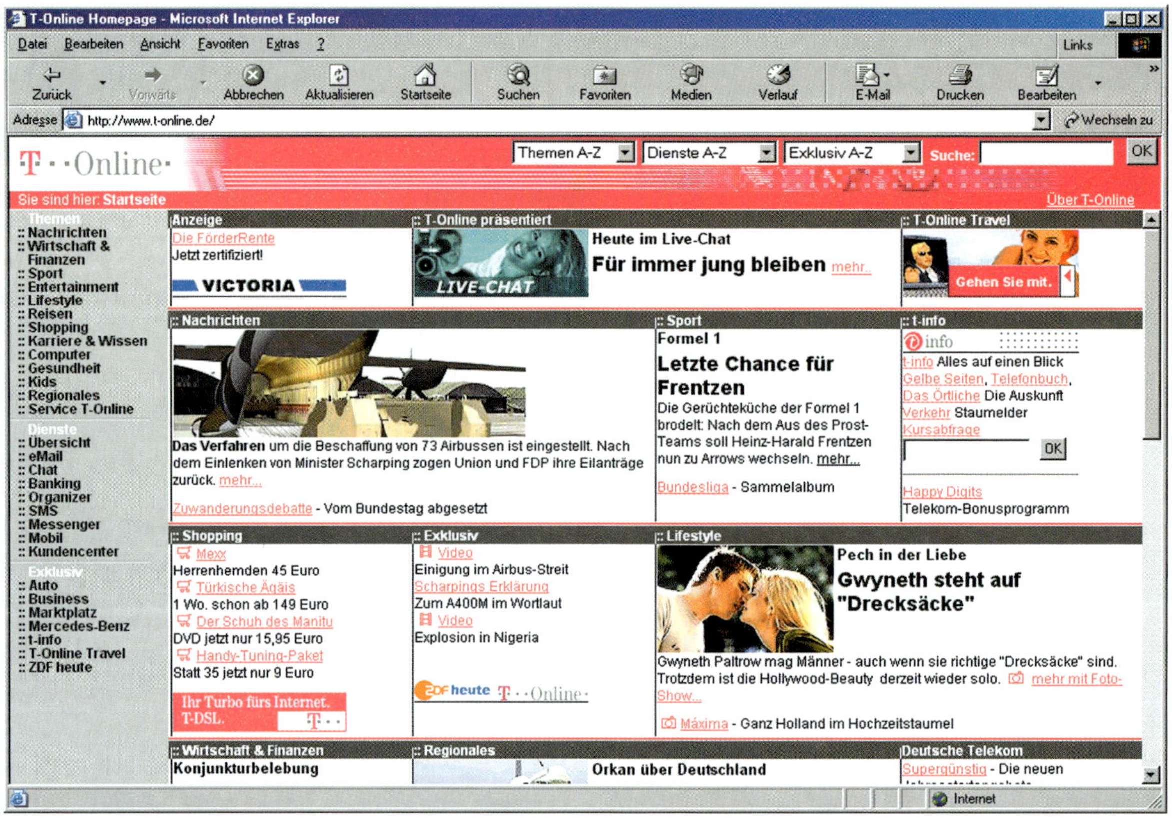

Das wars: Sie sind in der großen bunten Onlinewelt!

Die oben beschriebenen Installationsroutinen laufen weitgehend automatisiert ab, d.h. Sie können die Vorschläge ruhigen Gewissens annehmen: Fehler werden dadurch nicht verursacht oder ausgelöst.

Anders als zum Beispiel die Zugangssoftware von AOL ist dieSoftware von T-Online nicht in Windows 98 integriert. Der Weg scheint daher vergleichsweise umständlich zu sein. Es gibt aber auch die Möglichkeit, direkt ins Internet zu gelangen, ohne die T-Online-Software zu starten. Dazu müssen Sie ein so genanntes DFÜ-Netzwerk einrichten – wie, das erfahren Sie im nächsten Abschnitt.

Auf den Punkt gebracht

Ihr Weg ins Internet sieht zusammengefasst also so aus:

- Sie starten T-Online
- Sie wählen sich ein mit *Anwahl*
- Sie starten aus T-Online heraus Ihren Browser

Internetzugang über ein DFÜ-Netzwerk

Mit einem DFÜ (Datenfernübertragungs)-Netzwerk können Sie sich einen direkten Zugang ins Internet einrichten. Sie nutzen dabei T-Online nicht mehr als Onlinedienst, sondern als Internet-Service-Provider, d.h. einige der Zusatzdienste, die T-Online anbietet, werden von Ihnen nicht genutzt. Dazu zählen beispielsweise die Einsicht in Ihre Abrechnungsdaten, das Ändern des Kennworts oder T-Online-Telex, also Dienste, die Sie in der Regel nicht bei jedem Besuch im Internet brauchen.
Durch ein DFÜ-Netzwerk haben Sie aber den Vorteil, sich über verschiedene Anbieter ins Internet einwählen zu können, speziell viele Internet-by-call-Anbieter sind so zu erreichen. Dies kann helfen, die Internetkosten gering zu halten: Über ein DFÜ-Netzwerk kann man den jeweils günstigsten Anbieter anwählen.

Die Windows-98-Hilfe meint dazu in der Schnellübersicht:

„Im Folgenden erhalten Sie eine Übersicht über die Schritte, die Sie ausführen müssen, um per DFÜ-Netzwerk eine Verbindung zum Internet herzustellen:

1. *Lassen Sie sich bei einem Internetdienstanbieter ein Internetkonto einrichten.*
2. *Richten Sie Ihre Kommunikationshardware ein.*
3. *Stellen Sie sicher, dass das DFÜ-Netzwerk installiert ist.*
4. *Installieren Sie das TCP/IP-Protokoll, und binden Sie es an die DFÜ-Netzwerkkarte.*
5. *Geben Sie die Informationen zu TCP/IP ein.*
6. *Stellen Sie mit Hilfe des DFÜ-Netzwerks eine Verbindung zu dem Internetdienstanbieter her.*
7. *Wählen Sie die Telefonnummer des Internetdienstanbieters.“*

Alles verstanden? Gut, dann können Sie das folgende Kapitel auslassen. Sollte dem jedoch nicht so sein, nehmen Sie sich ein paar Minuten Zeit und lesen Sie auf den folgenden Seiten nach, wie es geht.

Internetzugang über ein DFÜ-Netzwerk

Die Schritte 1 und 2 der Windows-Hilfe sind bereits erledigt: Sie haben über einen der großen Onlinedienste Zugang zum Internet, und Ihre „Kommunikationshardware“ (also das Modem) ist eingerichtet.

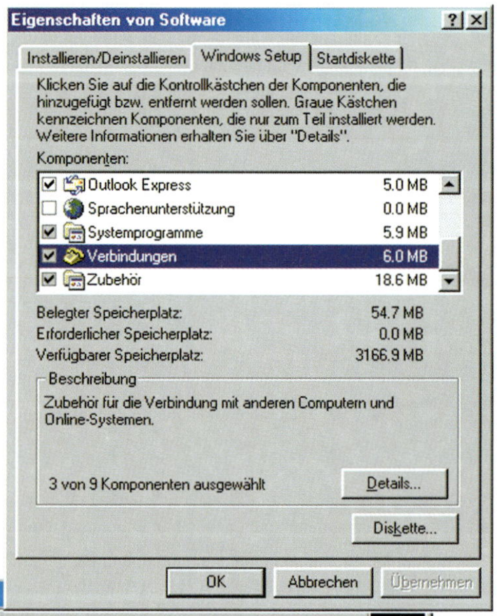

Was ist nun mit Punkt 3 gemeint? Unter *Start* → *Programme* → *Zubehör* → *Kommunikation* sollten Sie *DFÜ-Netzwerk* vorfinden. Ist dem nicht so , installieren Sie ein DFÜ-Netzwerk: Legen sie die Windows-Installations-CD-ROM ein.

Wählen Sie *Start* → *Einstellungen* → *Systemsteuerung* → *Software*. Sie erhalten folgenden Bildschirm (Abb. rechts oben): Wählen Sie *Windows Setup* und weiter *Verbindungen*. Dort müssen Sie das Kästchen anklicken, bis ein Häkchen vor *Verbindungen* erscheint. Alles weitere geschieht automatisch. Nach einem Neustart des Rechners stehen Ihnen alle notwendigen Hilfsmittel zur Verfügung.

Nun sollen Sie – der Windows-Hilfe zufolge – ein TCP/IP-Protokoll einrichten, also mit allen notwendigen Informationen installieren. Gemeint ist, dass Sie Ihren Rechner netzwerkfähig machen. In der Regel werden bei der Windows-Installation alle Einstellungen bereits vorgenommen, Sie können diesen Schritt also ruhig dem Rechner überlassen.

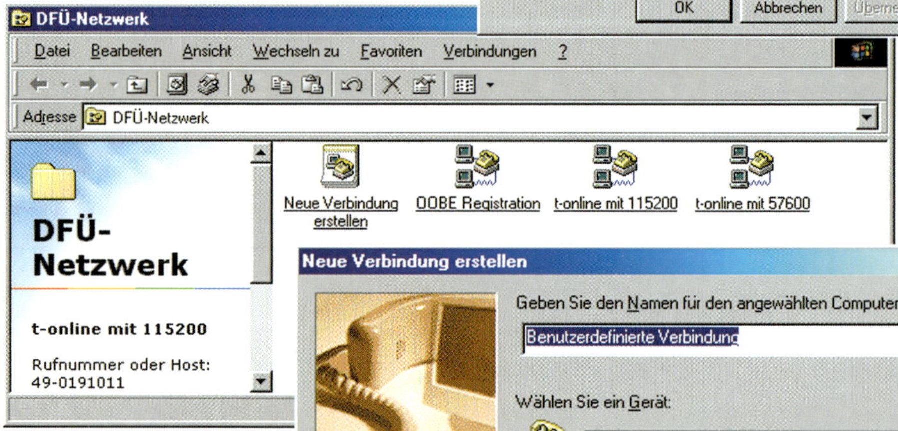

Ab jetzt sind Sie gefordert: Sie sollen eine Verbindung zu Ihrem Internetdienstanbieter herstellen. Rufen Sie dazu *Start* → *Programme* → *Zubehör* → *Kommunikation* auf und klicken Sie auf *DFÜ-Netzwerk*. Sie erhalten folgenden Bildschirm (Abb. Mitte rechts):

Wählen Sie *Neue Verbindung erstellen*. Geben Sie Ihrer Verbindung einen Namen, zum Beispiel T-Online (Abb. rechts unten). Ihr bereits installiertes Modem brauchen Sie nicht zu konfigurieren; alle Einstellungen sollten bereits eingetragen sein.

Im folgenden Fenster geben Sie nun die Telefonnummer Ihres Anbieters ein; bei T-Online ist das im Beispiel die 0 19 10 11. Die Ortsvorwahl lassen Sie frei, als Landesvorwahl wählen Sie Deutschland (49). Klicken Sie auf *Weiter*, die Netzwerkverbindung wird jetzt fertig gestellt.

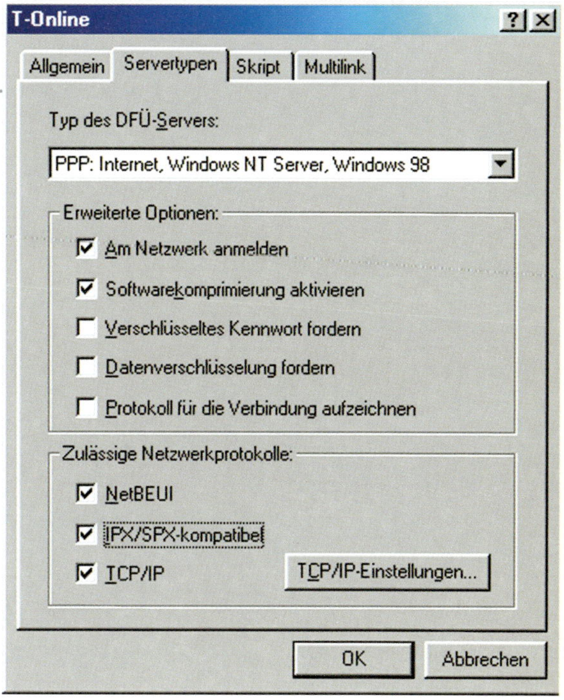

In Ihrem Fenster *DFÜ-Netzwerk* (Abb. S. 38 Mitte) erscheint nun die neue Verbindung unter dem von Ihnen eingegebenen Namen. Klicken Sie das Icon (engl. f. *Piktogramm*) mit der rechten Maustaste an und wählen Sie *Eigenschaften*. Das darauf erscheinende Fenster hat vier Registerkarten (Abb. rechts); in der ersten sehen Sie die von Ihnen eingegebenen Daten. Wählen Sie jetzt die zweite, *Servertypen*, aus. Sie enthält die in der Grafik dargestellten Werte. Unter *Typ des DFÜ-Servers* kontrollieren Sie, ob *PPP: Internet, ...* eingestellt ist, was in der Regel der Fall ist.

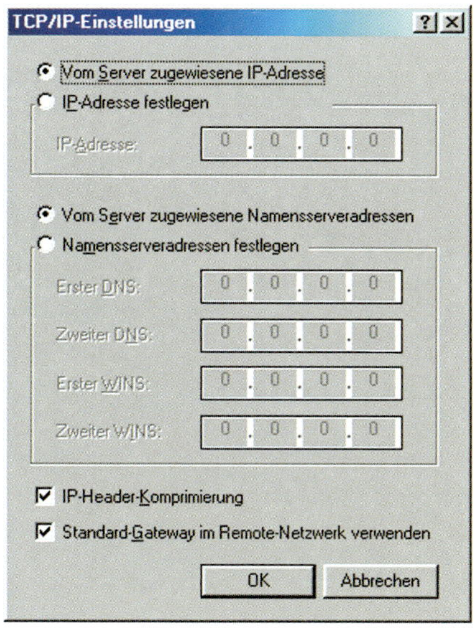

Wählen Sie unter *Netzwerkprotokolle NetBEUI* und *IPX/SPX-kompatibel* ab, denn das verlangsamt nur Ihren Zugang. Auch die Anmeldung am Netzwerk ist nicht unbedingt nötig; schalten Sie sie aus.

Unter *TCP/IP-Einstellungen* (Abb. links) sollten Sie die vom Server zugewiesenen Adressen einstellen (ist bei der Installation voreingestellt).

Auch die Voreinstellungen zu Skript und Multilink können Sie behalten.

Fertig, das wars. Jetzt sollten Sie testen, ob alles funktioniert: Klicken Sie im Fenster *DFÜ-Netzwerk* auf die neue Verbindung, hier T-Online. Es erscheint ein Fenster, in dem Sie Ihren Benutzernamen und Ihr Kennwort eingeben sollen (Abb. unten):

Tipp

Achtung! Ihr Benutzername stimmt nicht mit Ihrem „normalen" Namen auf der T-Online-Anmeldung überein! Achten Sie bitte auf die Rückseite Ihres Schreibens von T-Online: Dort stehen die aktuell gültigen Einstellungen.

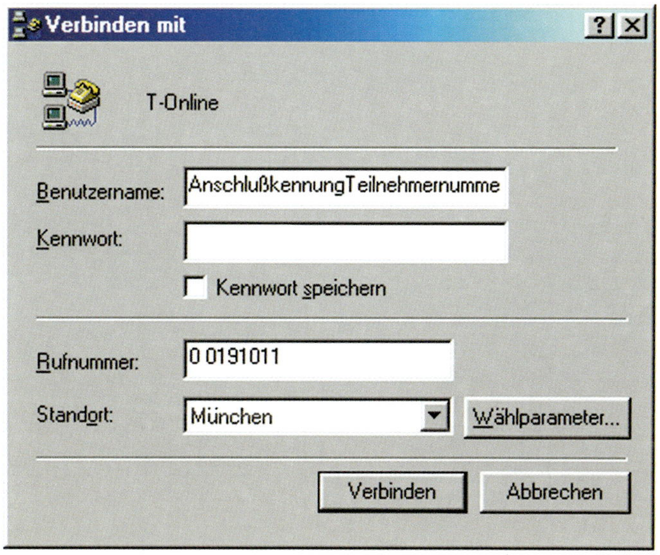

Klicken Sie auf *Verbinden* und lehnen Sie sich zurück:
Der Rechner baut jetzt die Verbindung ins Internet auf.
Das dauert einen Moment. Wenn die Verbindung aufgebaut ist, starten Sie Ihren Browser – und schon sind Sie im Internet!

Wie Sie das wichtigste Instrument, um im Internet zu surfen, den Browser also, bedienen, erfahren Sie im nächsten Kapitel.

DER BROWSER – DAS PROGRAMM ZUM SURFEN

Der Internet Explorer

Die Browser von Microsoft und Netscape

Zum Surfen benötigen Sie ein Programm, das Ihnen erlaubt, die bunten Bilder aus dem Internet anzusehen. Dieses Programm heisst Browser. Es gibt am Markt zwei Browser, die sich wegen ihres Funktionsumfangs, ihrer Schnelligkeit und ihrer Bedienerfreundlichkeit durchgesetzt haben, den Microsoft Internet Explorer und den Netscape Navigator. Im Folgenden werden Sie beide Browser und die wichtigsten Funktionen kennen lernen.

Außerdem erfahren Sie, wie Sie Ihre Surftrips organisieren können: Wie bringen Sie Ihrem Rechner bei, sich Internetadressen zu merken? Wie können Sie interessante Inhalte speichern oder drucken? Wie können Sie sich Programme aus dem Internet „downloaden", also auf Ihren Rechner holen?

Der Internet Explorer von Microsoft

Der MS IE (Microsoft Internet Explorer, gegenwärtig in der Version 6) ist den Installations-CD-ROMs der neueren MS-Betriebssysteme und dem aktuellen Office-Paket von Microsoft kostenfrei beigelegt. Er wird automatisch installiert. Sie werden gar nicht erst gefragt, ob Sie dieses Produkt oder ein anderes verwenden wollen, und haben also weder die Möglichkeit, die Installation zu vermeiden, noch sie gemäß Ihren Wünschen zu steuern. Alle persönlichen Einstellungen zum Surfen werden im IE selbst festgelegt.

Umstrittene Dominanz auf dem Weltmarkt

Der Internet Explorer von Microsoft ist nicht nur in den USA umstritten. Die US-Kartellbehörde strengte wegen der Dominanz und Marktmacht des MS IE einen Prozess gegen Microsoft an, der zum Ziel hatte, den Explorer nicht mehr als Teil des Betriebssystems zu vertreiben. Ursprünglich sahen die Gerichte vor, Microsoft in zwei Unternehmen zu zerschlagen: eines für die Herstellung des Betriebssystems, eines für die Anwendungen. Microsoft schlug den Behörden jedoch einen Vergleich vor, womit die Zerschlagungspläne vorerst vom Tisch sind. Abzuwarten bleibt aber noch, ob auch alle amerikanischen Bundesstaaten diesem Vergleich zustimmen werden.
Auch in Europa sind die Kartellwächter mittlerweile auf Microsoft aufmerksam geworden – und auch hier versucht das Unternehmen, durch einen Vergleich schlimmeres zu verhindern. Doch solange das schwebende Kartellverfahren in den USA nicht abgeschlossen ist, findet eine Anhörung von Microsoft nicht statt.

Microsoft-Gründer Bill Gates ist mit dem ausgehandelten Vergleich zufrieden

Knobeln statt verzweifeln!

Bei den Browsern existieren inzwischen eine Vielzahl unterschiedlicher Programme (Microsoft, Netscape, Opera, um nur einige zu nennen). Zudem gibt es für jedes Programm verschiedene Versionen. Sollte daher einmal ein Hinweis nicht direkt zum Ziel führen, lassen Sie sich nicht entmutigen: Die Versionsunterschiede sind gering, führen aber manchmal dazu, dass Sie etwas knobeln müssen. Wichtig ist, dass Sie die Begriffe kennen – dann können Sie im Hilfeprogramm Ihres Browsers auf eigene Faust weitere Informationen erhalten.

„Surfen“ – auf den Punkt gebracht

Das, was gemeinhin als „Surfen“ bezeichnet wird, ist ein einfaches Anklicken der (meist unterstrichen) hervorgehobenen Hyperlinks. Durch das Anklicken wird automatisch die Seite geladen, die dem Link hinterlegt ist. Das dauert wieder einen Moment, und schon sind Sie auf der nächsten Internetseite, die unter Umständen von einem Server in einem anderen Kontinent geladen wird ... Und von da gehts dann wieder weiter zur nächsten Seite. Probieren Sie es einfach aus!

Start des Internet Explorers

Sie starten den MS IE durch Anklicken von *Start* → *Programme* → *Internet Explorer*. Haben Sie eine DFÜ-Verbindung eingerichtet, wird automatisch das Fenster *DFÜ-Verbindung* eingeblendet. Geben Sie Ihr Kennwort ein (falls Sie das Kennwort nicht schon automatisch gespeichert haben). Sie „loggen“ sich nun bei Ihrem Provider ein. Dieser Vorgang dauert ein bisschen (je nach Installation und Einstellung). Sind Sie beim Provider angemeldet, startet der MS IE und lädt die Startseite von Microsoft http://msn.de .

Einstellungen

Alle Einstellungen für Ihren Browser erhalten Sie unter *Extras* → *Internetoptionen* (Abb. rechts). Unter der Registerkarte *Allgemein* können Sie beispielsweise eine Startseite festlegen, die automatisch beim Aufruf des MS IE aus dem Internet geladen wird. Sie können das Feld aber auch leer lassen: Dann startet der MS IE „blank“ (Abb. unten) oder mit einer bestimmten Startseite wie z.B. der Seite von Microsoft.

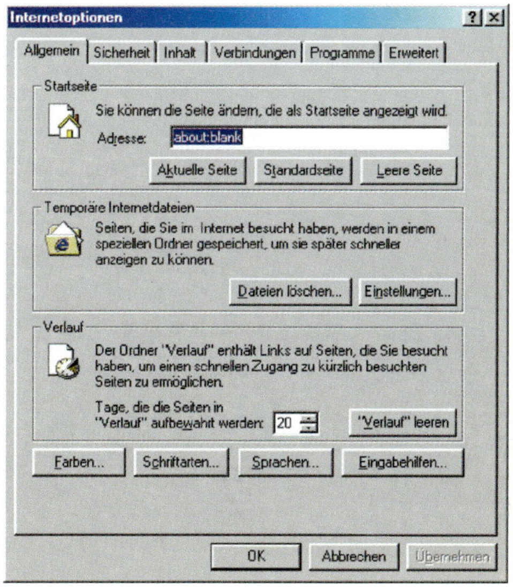

Sie haben hier außerdem noch die Möglichkeit, Einstellungen vorzunehmen zu:

- **Sicherheit**
- **Inhalt der übertragenen Daten**: Zertifikate, um sich selbst auszuweisen; persönliche Informationen etc.
- **Verbindungen**: welche DFÜ-Verbindung (sollten Sie mehrere eingerichtet haben) wird beim Start des Internet Explorers gewählt
- **Programme**: welche Programme werden für welche Internetdienste genutzt
- **Erweiterte Einstellungen**: Sie benötigen diese Einstellungen relativ selten, für die ersten Surfversuche sollten Sie die Voreinstellungen unverändert lassen ...

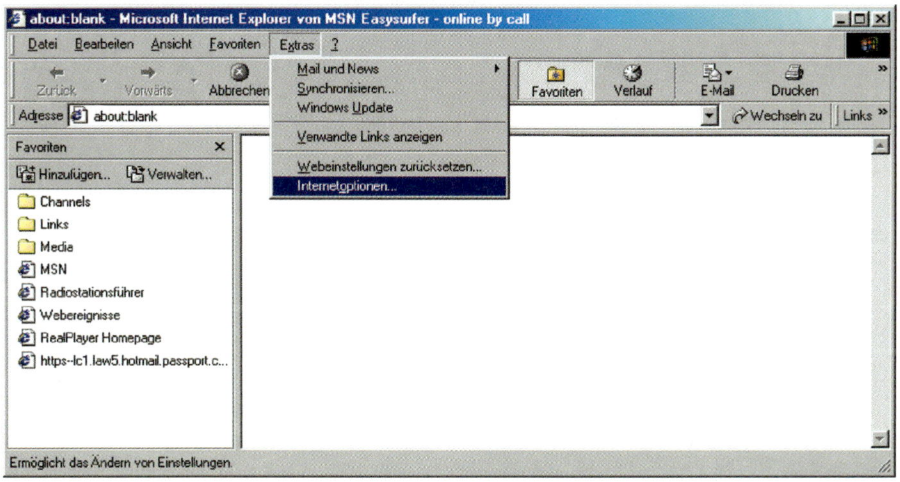

Zusatzprogramme

Als Ergänzung zum Internet Explorer liefert Microsoft einige andere Programme, die ebenfalls im MS-Betriebssystem enthalten sind, wie z.B. Microsoft Chat (ein Programm für Onlineunterhaltungen) und Outlook Express, mit dem E-Mails versandt und empfangen werden können (vgl. dazu Kapitel *Rund ums E-Mail*, S. 62 - 79).

Der Netscape Navigator

Der Navigator von Netscape

Netscape Navigator war bis vor einiger Zeit der Browser mit der größten Verbreitung. Ende 1999 haben sich die beiden Konkurrenten Netscape und Microsoft den Browsermarkt praktisch geteilt. Heute ist die Verbreitung des Netscape Communicators durch die Expansion des MS IE auf ca. 15% gesunken.
Sie erhalten den Netscape Navigator in nahezu jeder Computerzeitschrift, der eine CD-ROM beiliegt. Zur Installation starten Sie einfach das Setup-Programm, alles weitere erledigt sich wieder nahezu von alleine. Auch hier gilt: Die Voreinstellungen sind vom Hersteller so gewählt, dass bei der Installation eigentlich nichts schief gehen kann.

Start des Netscape Navigators

Sie starten Netscape unter *Start* → *Programme* → *Netscape Communicator*. Wählen Sie *Netscape Navigator* und bestätigen Sie alle folgenden Aufforderungen zum Starten des Programms.

Sie erhalten zwei Fenster: Im großen sehen Sie den Navigator, rechts daneben eine Leiste, mit der die einzelnen Programme aufgerufen werden können.

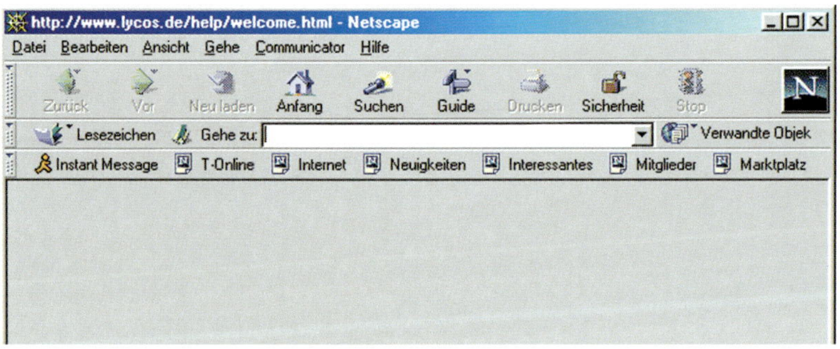

> **Tipp**
> Stört Sie die Navigatorleiste? Dann weg damit: Klicken Sie auf das Kreuz rechts oben in der Leiste – und schon tauchen die Symbole im großen Fenster rechts unten auf, die Navigatorleiste ist weg. Sie bekommen sie zurück, indem Sie auf die grau schraffierte Fläche links neben den Symbolen klicken.

Zusatzprogramme

Standardmäßig startet Nestcape mit dem Navigator. Mit den anderen Optionen können Sie die weiteren Bestandteile des Netscape-Programmpakets aufrufen. Vergleichbar dem MS IE sind auch hier Zusatzprogramme beigelegt: Neben dem Navigator (dem großen Fenster) verfügen Sie mit Netscape über ein komfortables E-Mail-Programm (Posteingang), ein Programm zur Teilnahme an Diskussionsforen (Foren), ein Adressbuch, in dem Sie Ihre E-Mail-Adressen notieren können, und den Composer, ein Programm zur Erstellung eigener Internetseiten.

Um manche Webseiten betrachten zu können, brauchen Sie zusätzliche Software (Add-In), die Sie meist direkt herunterladen können.

Einstellungen

In Netscape können Sie alle Änderungen an den persönlichen Einstellungen über *Bearbeiten* → *Einstellungen* vornehmen. Sie erhalten diesen Bildschirm:

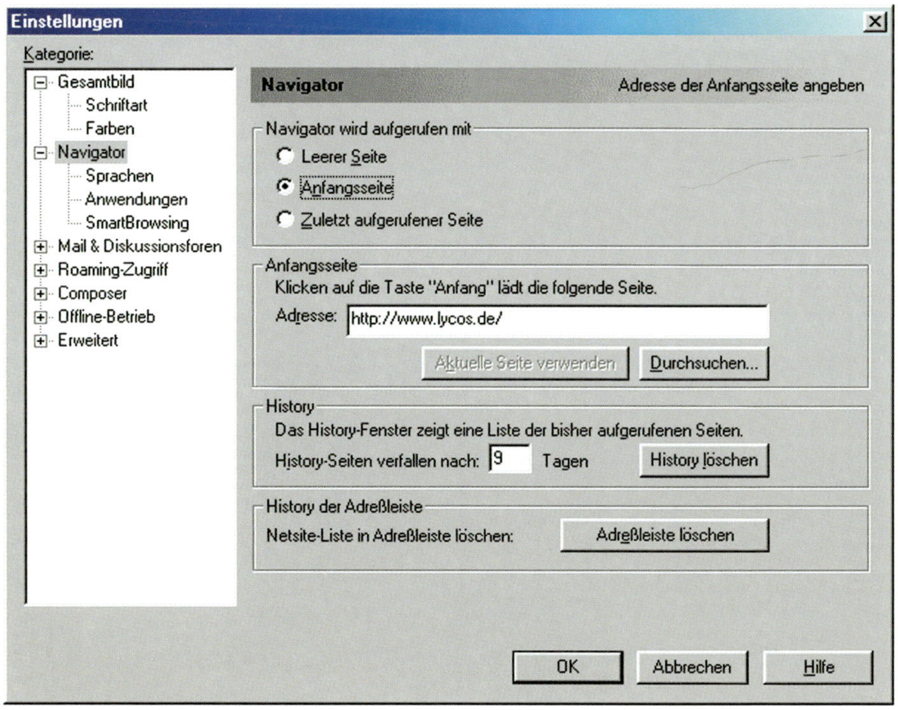

Ähnlich dem Explorer von Microsoft können Sie hier die Einstellungen festlegen, die Ihnen am besten erscheinen. Im Gegensatz zum MS IE haben Sie hier aber erweiterte Möglichkeiten: Sie können unter *Erweitert* zum Beispiel Cookies aktivieren oder deaktivieren (vgl. Kapitel *Sicherheit im Netz*, S. 56 ff.), die Größe des Zwischenspeichers (Cache) bestimmen usw.
Sie können anfangs die Vorgaben seitens Netscape beibehalten. Später aber – als versierter Surfer – werden Sie diese Einstellmöglichkeiten zu schätzen lernen, da sie den Internetzugang z.T. ganz erheblich beschleunigen können.

Tipp

Achten Sie darauf, den Netscape Navigator in der Version 4.7 zu bekommen. Die neue Version 6.0 weist noch einige Schwachstellen auf, die Ihnen das Surfen nur verzögern.

Und andere Software?

Einige der von Ihnen besuchten Internetseiten werden Sie darauf hinweisen, dass Sie ein so genanntes *Add-In* benötigen, z.B. Real Player. In der Regel ist gleich eine Adresse mit angegeben. Suchen Sie diese Seite auf und laden Sie sich das Add-In herunter. Allgemeine Aussagen, welche Add-Ins Sie benötigen, sind nicht möglich, das hängt ganz von Ihrem Surfverhalten ab.

Favoriten, Lesezeichen & Co

Sie stoßen bei Ihren ersten Surfversuchen sicher auf jede Menge interessanter Internetseiten, die Sie sich gern merken würden. Sie können sich natürlich die Adressen, die eingeblendet werden, einprägen. Aber spätestens bei der dritten Adresse ist es genug! Hier wäre es doch gut, wenn man sich besuchte Seiten automatisiert merken könnte ... Und genau diese Funktion gibt es in allen Browsern.

Favoriten im MS Internet Explorer

Der Internet Explorer bietet Ihnen die Möglichkeit, Ihre Lieblingsseiten im Internet als *Favoriten* zu speichern. Damit Sie die Leiste mit Ihren Favoriten jederzeit im Blick haben, klicken Sie in der Symbolleiste auf *Favoriten* (Abb. links). Wollen Sie einen neuen Favoriten anlegen, wählen Sie in der linken Seite des Fensters *Hinzufügen*. Sie können aber auch in der Menuleiste *Favoriten* → *Zu Favoriten hinzufügen ...* wählen. Der Effekt ist der gleiche. Schon taucht der Name der Seite, die Sie gerade besucht haben, im linken Teil des Fensters auf (Abb. Mitte):

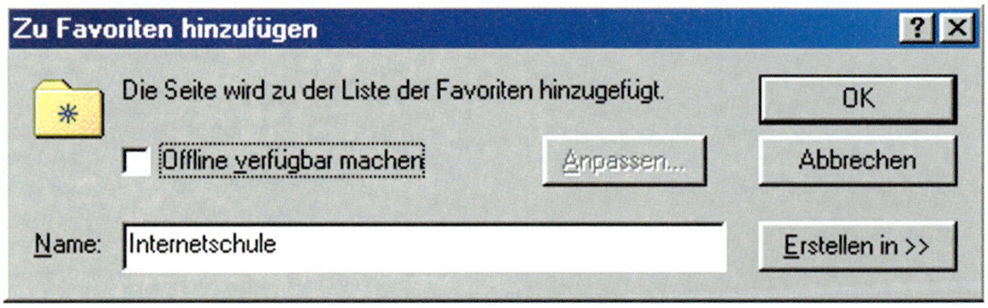

Wenn Sie bei Ihrer nächsten Surfrunde diese Seite wieder besuchen möchten, klicken Sie einfach auf den *Favoriten*-Button und wählen den Namen der Seite aus. Die Seite wird dann automatisch geladen.

Sie werden bald eine ganze Reihe von Favoriten setzen. Damit Sie nicht den Überblick verlieren, können Sie Ordner einrichten. Dies können Sie unter *Verwalten* bzw. *Favoriten verwalten* (Abb. rechts): Dort können Sie neue Ordner erstellen, Favoriten umbenennen und verschieben oder löschen.

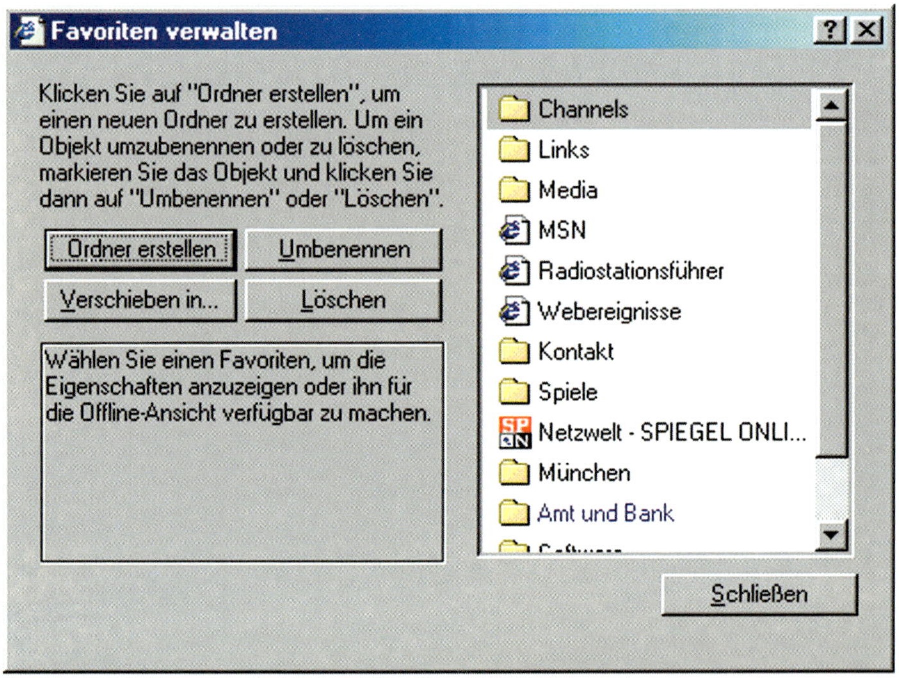

Verwandte Links beim MS IE

Microsoft bietet die Option, sich verwandte Seiten anzeigen zu lassen. Sind Sie z.B. bei dem Automobilhersteller BMW, so erhalten Sie unter *Verwandte Links anzeigen* im Menü *Extras* den Hinweis auf andere Autohersteller wie VW oder Fiat, aber auch auf Zulieferbetriebe und Tuningfirmen – also Adressen, die von der BMW-Seite aus häufig aufgesucht werden.

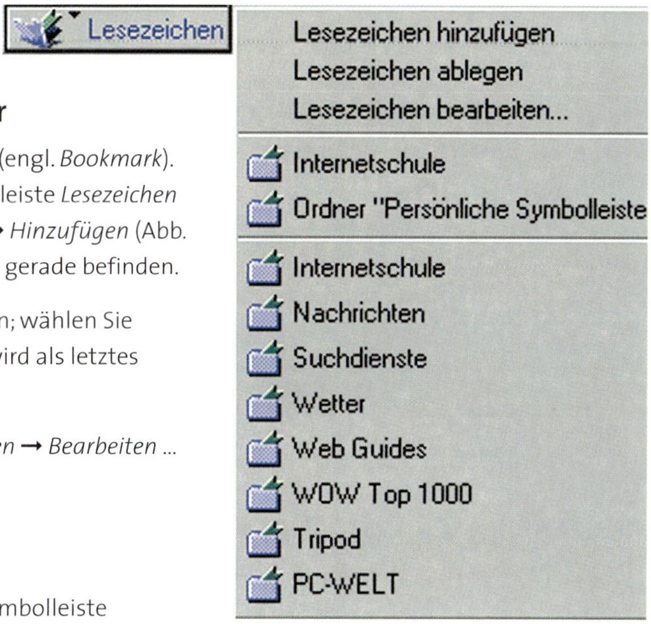

Lesezeichen oder Bookmarks im Netscape Navigator

Was beim Explorer der Favorit ist, ist beim Navigator das Lesezeichen (engl. *Bookmark*). Um ein Lesezeichen zu definieren, wählen Sie in der Adressen-Symbolleiste *Lesezeichen* → *Hinzufügen* bzw. in der Menüleiste *Communicator* → *Lesezeichen* → *Hinzufügen* (Abb. rechts) und Netscape merkt sich die Adresse der Seite, auf der Sie sich gerade befinden.

Sie können übrigens auch mit der rechten Maustaste ein Menü öffnen; wählen Sie hier einfach *Lesezeichen hinzufügen*. Die Adresse der aktuellen Seite wird als letztes Lesezeichen Ihren Bookmarks hinzugefügt.

Löschen oder Bearbeiten können Sie Ihre Lesezeichen unter *Lesezeichen* → *Bearbeiten* ... bzw. *Communicator* → *Lesezeichen* → *Bearbeiten* ...

Die persönliche Symbolleiste

Netscape bietet Ihnen außerdem die Möglichkeit, eine persönliche Symbolleiste anzulegen, in der alle Ihre Bookmarks direkt oberhalb des Fensters dargestellt werden (Abb. unten): Sie müssen dazu unter *Lesezeichen* → *Lesezeichen bearbeiten* ... ein Fenster öffnen, in dem Sie die Lesezeichen – genau wie im Internet Explorer – anordnen, umbenennen, neu anlegen oder löschen können. Zum Bearbeiten klicken Sie das entsprechende Lesezeichen mit der rechten Maustaste an. Sie können dann unter verschiedenen Optionen wählen, je nachdem, was Sie tun wollen.

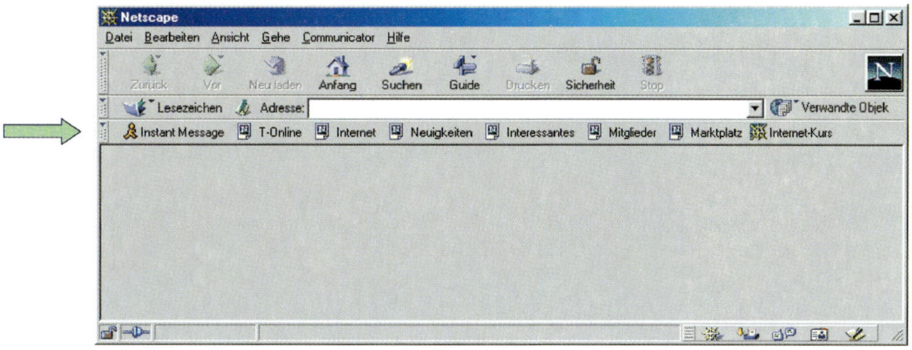

Verwandte Objekte/Guide beim Netscape Navigator

Auch Netscape bietet die Option, sich verwandte Seiten anzeigen zu lassen. Wenn Sie in der Symbolleiste auf *Verwandte Objekte* klicken, erhalten Sie Adressen von Seiten, die thematisch der von Ihnen gerade besuchten Seite nahe liegen. Falls diese Schaltfläche nicht in Ihrer Symbolleiste erscheint, müssen Sie sie erst aktivieren unter *Bearbeiten* → *Einstellungen* → *Navigator* → *Smart Browsing*.

Außerdem bietet Ihnen Netscape unter *Communicator* → *Lesezeichen* → *Guide* einen Führer an, der Sie – thematisch sortiert – durchs Internet führen kann.

Drucken von Seiten aus dem Internet

Texte, Adressen, Telefonnummern aus dem Internet abzuschreiben, ist lästig. Hier lernen Sie schnellere Möglichkeiten, die Inhalte von Webseiten festzuhalten. Eine Möglichkeit besteht darin, die Seiten mit dem gewünschten Inhalt auszudrucken.

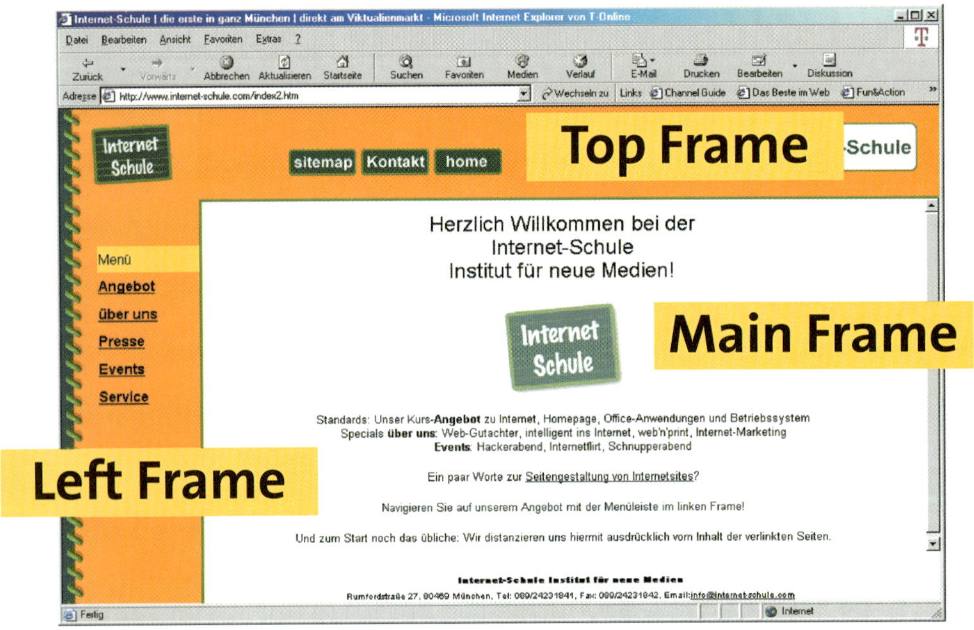

Wenn Sie auf einen Link im oberen Frame (Top Frame) oder linken Frame (Left Frame) klicken, ändern sich die Inhalte des Main Frame, nicht jedoch die der beiden anderen Frames Top und Left. Beim Drucken sollten Sie darauf achten, dass Sie das drucken, was Sie auch wirklich brauchen!

Achtung Frames!

Aber Vorsicht: Seit einiger Zeit sind die meisten Webseiten mit Frames (engl. f. *Rahmen*) aufgebaut. Eine Internetseite enthält einen oder mehrere fest definierte Bereiche, in denen z.B. Steuerleisten oder Werbeeinblendungen untergebracht sind (Top und Left Frame), und einen Bereich, in dem der eigentliche Inhalt des entsprechenden Internetangebots steht (Main Frame). Beim Surfen auf der Seite eines Anbieters ändern sich die Inhaltsseiten. Der Bereich mit den Steuerleisten bleibt dabei unverändert immer an der gleichen Stelle.

Vor- und Nachteile der Frametechnik

Die Meinungen über die Frametechnik gehen auseinander. Es gibt viele Webseiten, die gerade durch die Frametechnik übersichtlicher werden und die Navigation in den gebotenen Inhalten verbessern. Die Frametechnik stellt an den Ersteller höhere Anforderungen. Aus diesem Grunde finden sich im Internet leider auch zahlreiche schlechte Beispiele. Daher gibt es auch viele Frames-Gegner. Sie argumentieren unter anderem, dass ...

- ... man nur die Adresse des führenden Frames in der Adresszeile sieht. Das Drucken einer Seite oder das *bookmarken* wird dadurch unnötig erschwert.
- ... in den Frames häufig unnütze Informationen wie Werbeeinblendungen unter gebracht sind.
- ... Frameseiten einen größeren Platzbedarf haben. Das gilt sowohl für die übertragene Datenmenge (es werden mehr Daten übertragen, das dauert länger und kostet den Nutzer somit mehr Geld) als auch für die Übersichtlichkeit am Bildschirm (besonders auf kleinen Monitoren nehmen die Frames wichtigen Platz für die Darstellung der Inhalte weg).
- ... fremde Inhalte, die keine Logos oder andere Erkennungsmerkmale haben, in einen Frame „entführt" werden können. Damit entsteht der Eindruck, dass es sich um Inhalte des Anbieters der Frameseite handelt.

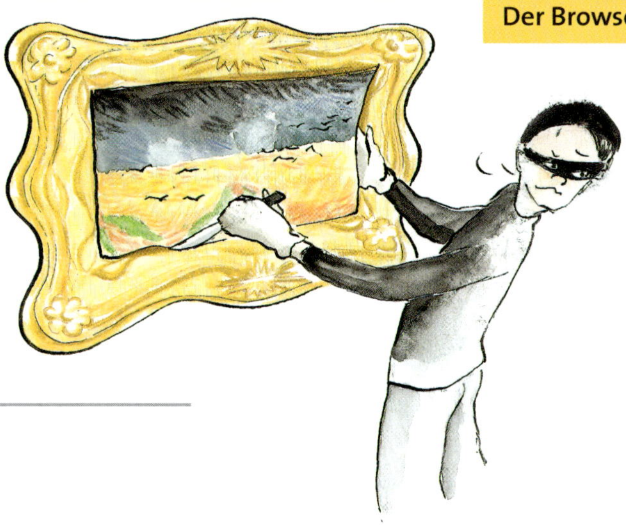

Nicht auf den Rahmen, auf den Inhalt kommt es an! Achten Sie daher beim Drucken von Webseiten darauf, dass Sie nicht die Steuerleisten, sondern den eigentlichen Inhalt ausdrucken!

Drucken von Seiten in Frametechnik

Die Frametechnik hat sich in den letzten Jahren zunehmend durchgesetzt. Sie als Anwender sollten daher wissen, wie Sie mit Seiten in Frametechnik umzugehen haben. Für den Nutzer entstehen außer den oben genannten Problemen keine weiteren Nachteile. Wichtig ist für Sie also, wie Sie an den Inhalt eines Frames gelangen.

Wenn Sie nur *Datei* → *Drucken* wählen, wird der gerade aktive Rahmen gedruckt. Das kann unter Umständen dazu führen, dass nur der fest definierte Bereich gedruckt wird. Nun wollen Sie aber nicht das Aussehen dieser Steuerleisten festhalten, sondern den Inhalt der Seite.

Drucken von Frames im Internet Explorer

Wählen Sie *Datei* → *Drucken*. Sie erhalten ein Fenster (Abb. unten), in dem Sie angeben können, ob Sie die ganze Seite drucken oder nur einen einzelnen Frame auswählen wollen. Achten Sie hierbei darauf, dass Sie – bevor Sie das *Drucken*-Menü aufrufen – einmal in den für Sie wichtigen Frame klicken. Sie markieren so den Frame und können dann beim Ausdrucken die Option *Nur den markierten Frame* wählen.

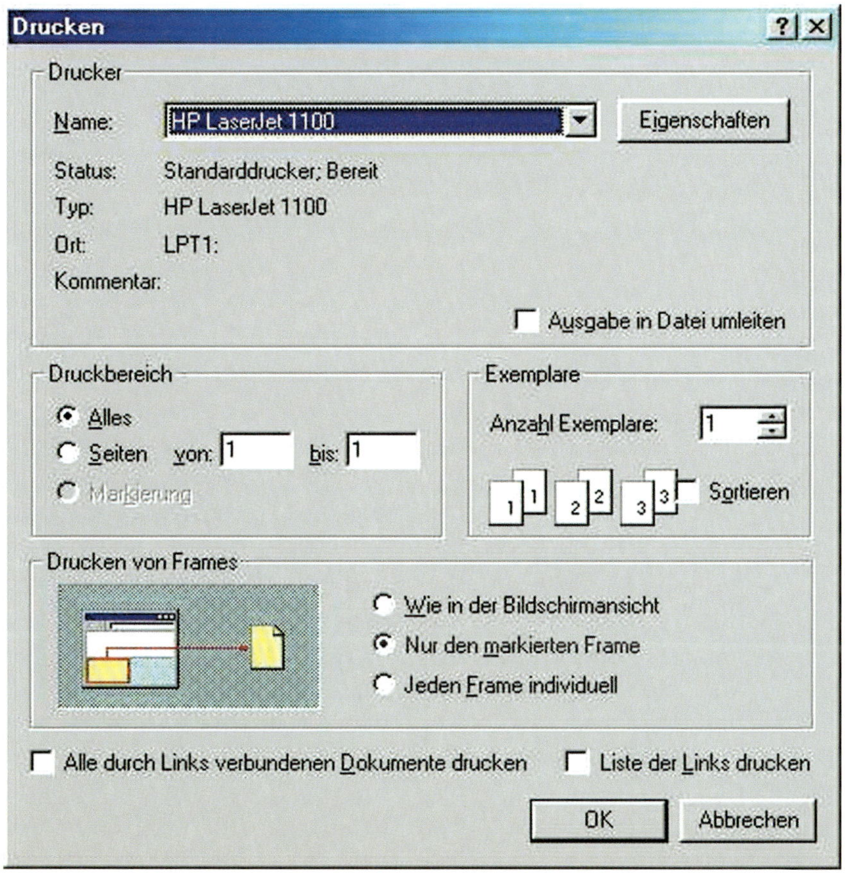

Drucken von Frames im Netscape Navigator

Je nach Netscape-Version, die Sie verwenden, kann es sein, dass Sie nicht direkt einzelne Frames drucken können – es wird immer die ganze Seite gedruckt. Wie aber kommen Sie an den Inhalt eines einzelnen Frames? Ganz einfach: Klicken Sie mit der rechten Maustaste in den Frame. Haben Sie eine neue Netscape-Version, erscheint der Menüpunkt *Rahmen drucken*. Wenn Sie diesen Punkt auswählen, wird nur der gerade aktive Rahmen, in dem Sie hineingeklickt haben, gedruckt. In älteren Versionen (4.73 und früher) wählen Sie *Rahmen in neuem Fenster öffnen*. Sie erhalten den Inhalt des angeklickten Frames in einem eigenen (neuen) Fenster und können nun den Inhalt mit *Datei* → *Drucken* auf Ihrem Drucker zu Papier bringen.

Aus dem Internet speichern kann man:

- reine Texte (ohne Formatierung)
- Bilder und/oder Grafiken
- Webseiten mit Bildern und Grafiken
- ganze Webseiten mit allen Links
- neue Programme

Speichern von Inhalten

Neben der Möglichkeit, sich eine Seite auszudrucken, kann man auch Textpassagen oder auch ganze Internetseiten auf dem Rechner speichern. Hier lernen Sie schnelle Wege, die Inhalte von Webseiten festzuhalten. Sie müssen dabei unterscheiden, was Sie kopieren und speichern wollen:

Texte auszugsweise kopieren

Wollen Sie einen reinen Text ohne Grafiken kopieren, kommen Sie am schnellsten mit *Kopieren – Einfügen* zum Ziel: Markieren Sie den gewünschten Text mit der Maus. Wählen Sie dann *Bearbeiten* → *Kopieren* (alternativ mit der Tastenkombination [Strg]+[C]). Wechseln Sie dann in das gewünschte Programm (Textverarbeitung, Tabellenkalkulation, Datenbank), wählen die gewünschte Stelle bzw. das gewünschte Feld und fügen Sie den Text aus der Zwischenablage über *Bearbeiten* → *Einfügen* wieder ein (alternativ mit der Tastenkombination [Strg]+[V]).
Diese Methode funktioniert gut, wenn es sich um reine Textpassagen handelt oder Sie den Text weiter bearbeiten wollen.

Bilder/Grafiken speichern

Hat eine Grafik Ihr Interesse geweckt, können Sie auch nur die Grafik speichern. Um Grafiken zu kopieren, bewegen Sie den Mauszeiger auf das entsprechende Objekt und klicken mit der rechten Maustaste darauf. Wählen Sie *Grafik speichern unter*. Sie erhalten den Ihnen bekannten Bildschirm *Speichern unter* ... Wählen Sie jetzt einfach den Ort – fertig. Nun können Sie das Bild in eigene Dokumente einbinden oder auch weiter bearbeiten.

Webseiten speichern

Sie können auch ganze Webseiten mit ihren Inhalten kopieren. Wählen Sie hierzu im Menü *Datei* → *Speichern unter* ... Geben Sie das Laufwerk und den Ordner auf Ihrem Computer an – fertig. Beim Öffnen der Seite mit Ihrem Browser werden Sie feststellen, dass die Seite mit den Layoutvorgaben kopiert wurde, aber alle Bilder verschwunden sind. Die Bilder waren nicht direkt in die Webseite eingebunden, sondern nur „verlinkt", d.h. sie wurden nur mit einem Verweis aufgerufen.

In Netscape können Sie dies vermeiden, indem Sie folgende Einstellungen vornehmen: Wählen Sie *Bearbeiten* → *Einstellungen* → *Composer* (Abb. unten). Standardmäßig ist hier voreingestellt, dass „Verknüpfungen beibehalten" werden. Deaktivieren Sie diese Einstellung. Öffnen Sie nun den Composer (*Communicator* → *Composer* oder [Strg]+[4]), laden Sie die Seite und speichern Sie sie an einem Ort Ihrer Wahl ab. Nun sind alle Grafiken in das Dokument eingefügt.

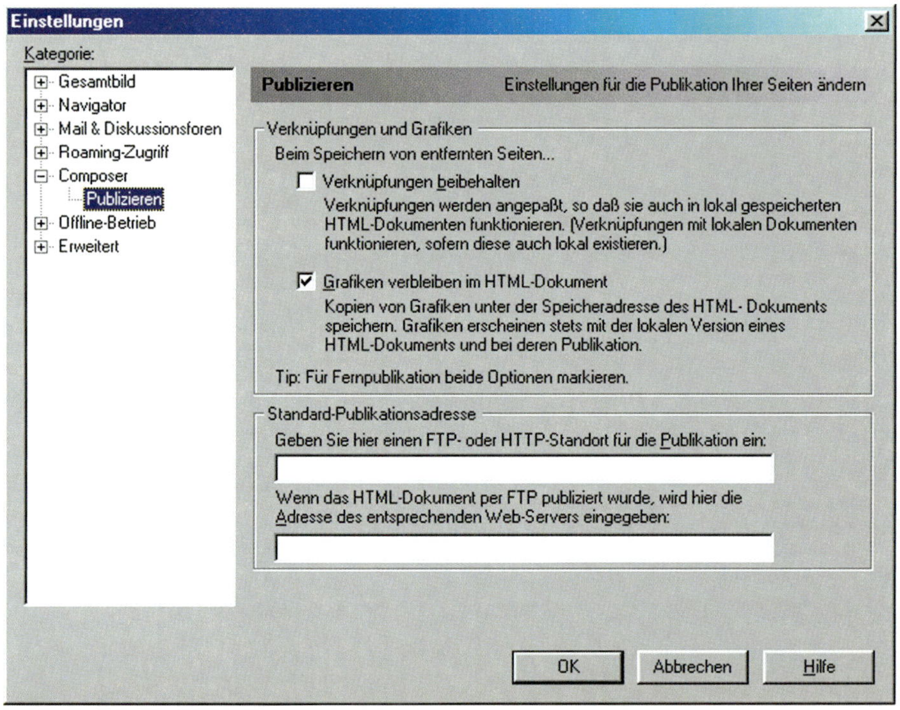

Kopieren ganzer Websites mit allen Dokumenten

Haben Sie keine Lust, eine umfangreiche Seite mit allen Querverweisen online zu betrachten? Dann tun Sie es doch **offline**, also ohne kostenpflichtige Verbindung zum Internet. Lösen Sie die Verbindung zum Internet, z. B. über Ihren T-Online-StartCenter oder über folgendes Symbol (Doppelklick, dann *Trennen*):

Tipp

Legen Sie am besten ein eigenes Verzeichnis an. Abhängig von der Seite, die Sie speichern, können unter Umständen mehrere Dateien auf Ihren Rechner überspielt werden (also der Text in einer Datei und die verlinkten Bilder wieder in eigenen Dateien).

Jetzt können Sie sich die Inhalte in Ruhe offline ansehen, d.h. ohne mit dem Internet verbunden zu sein.

Als Steigerung hierzu lassen sich auch ganze Verzeichnisse mit einer Vielzahl von Dateien aus dem Internet kopieren. Hierzu benötigen Sie spezielle Programme wie „WebWhacker", „Web Downloader" oder „Freeloader". Diese können Sie beauftragen, zu einer bestimmten Zeit (mit niedrigem Telefontarif oder wenn im Internet nicht so viel los ist) Inhalte von Internetrechnern Ihrer Wahl lokal auf Ihre Festplatte zu laden.

Download von Programmen

Man kann sich aus dem Internet auch Programme herunterladen, also downloaden, wie es in der Internetsprache heißt. Bei einem **Download** werden Dateien beliebigen Inhalts von einem Server abgerufen und auf den eigenen Computer übertragen. Den Vorgang in der umgekehrten Richtung nennt man **Upload**.

Programme downzuloaden ist denkbar einfach. Häufig ist nämlich auf der besuchten Webseite der Download schon vorgesehen. In diesem Fall gibt es einen Button *Download*, den Sie anklicken müssen. Alles weitere, z.B. wo die Datei auf Ihrem Rechner gespeichert werden soll, wird Ihnen dann automatisch mitgeteilt.

Wenn kein eigener Downloadbutton oder Vergleichbares existiert, klicken Sie mit der rechten Seite auf die entsprechende Software und wählen im erscheinenden Menü *Datei speichern unter ...* Erhalten Sie diesen Menüpunkt nicht, liegt keine herunterladbare Datei vor.

Testen Sie doch mal www.gratissoftware.de , www.freeware.de oder www.kostenlos.de in der Rubrik Software, suchen sich ein schönes Programm aus und laden Sie es anschließend auf die eigene Platte!

Auf den Punkt gebracht

- Browser heißt die Software zum Surfen. Es gibt zwei große Anbieter (Microsoft, Netscape); der Browser ist kostenlos und häufig vorinstalliert.
- Surfen können Sie, indem Sie die Symbole oder Texte anklicken, auf denen der Mauszeiger zum erhobenen Zeigefinger wird.
- Legen Sie Ihre eigenen Lesezeichen oder Favoriten an, damit Sie Ihre Lieblingsseiten immer wieder schnell finden!
- Sie können sich alle Inhalte, die Sie auf Ihrem Bildschirm sehen, auch speichern, drucken etc. Nutzen Sie dazu die rechte Maustaste!

SICHERHEIT IM NETZ

Grundlagen der Sicherheit

Im folgenden Kapitel geht es v.a. um das Thema Sicherheit im WWW. Für dieses (und alle folgenden) Kapitel sollte Ihnen also Folgendes bereits bekannt sein:

- Sie können mit Rechner, Betriebssystem und Modem umgehen und kennen Ihren Provider/Online-Dienst.
- Sie besitzen bereits einen Internetzugang und können weitere Zugänge über ein DFÜ-Netzwerk konfigurieren.
- Sie haben Basiskenntnisse zu der von Ihnen verwendeten Software.

Sie haben also bereits die ersten Schritte im Internet hinter sich.

Misstrauen ist angebracht

Das Wichtigste vorweg: Die absolute Sicherheit gibt es nirgends. Hacker nutzen offene Hintertürchen, um fremde Rechner auszuspionieren, Firmen sammeln Daten über Kunden. Auch bei der Bezahlung mit EC-Karte, Scheck und sogar mit Bargeld kann man vor Gaunereien nicht völlig sicher sein.

Eine gesunde Portion Misstrauen ist daher angebracht! Die Sicherheit des eigenen Rechners und die von Transaktionen (Bezahlungen) über das Internet sind immer wieder Gegenstand von Zeitungsartikeln und Fernsehberichten. Häufig werden in diesen Berichten lediglich Stimmungen wiedergeben.

Neu am Internet – und in diesem Licht sind auch diese Berichte zu sehen – ist der Umstand, dass es „neu" ist. Gemeint ist damit, dass die meisten Bürger nicht wissen, wie sie über das Internet betrogen werden können. Das löst natürlich Unsicherheit aus. Die folgende kleine Geschichte ist sehr aufschlussreich:

„I love you" – Ein Virus geht um die Welt

Im Mai 2000 infizierte ein einfacher (!) Makrovirus nahezu die ganze Welt und verursachte einen Schaden in Millionenhöhe. Der Virus wurde wahrscheinlich von einem philippinischen Informatikstudenten geschrieben und war sehr einfach aufgebaut: Man erhielt ein Mail mit dem Betreff „I love you"; an das Mail war eine Datei angehängt, die ein Makro (ein kleines Programm) enthielt. Beim Öffnen der angehängten Datei startete das Makro, las aus dem Adressbuch des Anwenders alle E-Mail-Adressen aus und versandte an jeden die gleiche E-Mail unter dem Namen des Empfängers. Der Grund für den hohen Schaden war das Schneeballprinzip, das dahinter steckte: Ein Empfänger bekam das infizierte Mail, öffnete es und der Virus wurde – ohne sein Zutun - an alle seine Bekannten und Geschäftskollegen unter seinem Namen verschickt. Aus dem Schneeball wurde eine Lawine, die innerhalb eines Tages die Welt umrundete.

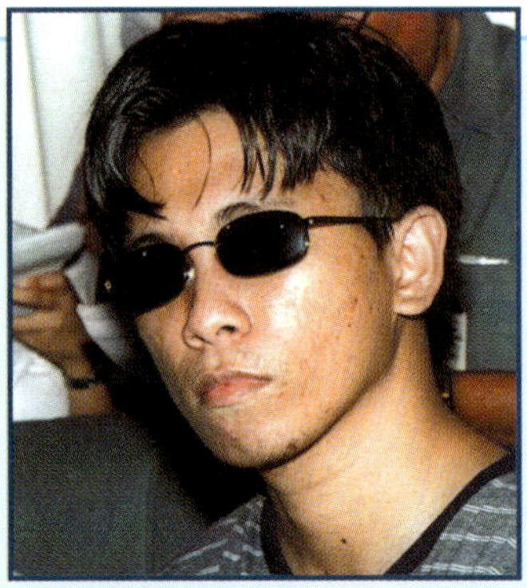

Der verdächtigte Student Onel de Guzman gab zu, den Virus möglicherweise aus Versehen in Umlauf gebracht zu haben. Er ging straffrei aus, weil seine Urheberschaft nicht nachgewiesen werden konnte.

Grundsatz für sicheres Surfen

Einigen gelang es, dem Virus auszuweichen – was taten sie? Die Antwort ist ganz einfach: Sie öffneten NICHT die angehängte Datei und aktivierten somit NICHT den Virus. Und damit ist ein wichtiger Grundsatz für sicheres Surfen bereits genannt: Öffnen Sie niemals eine an eine E-Mail angehängte Datei *(Attachment)*, ohne genau zu wissen, woher sie kommt und was sie enthält!

Im Fall des I-love-you-Virus war der Absender bekannt, nicht jedoch der Inhalt der angehängten Datei. Also lassen Sie die Finger davon, wenn Sie nicht wissen, was diese Datei enthalten soll. Und umgekehrt gilt: Seien Sie Ihrem (Geschäfts-)Freund nicht böse, wenn er von Ihnen ein Mail ohne Ankündigung und ohne erklärenden Text, aber mit einer angehängten Datei nicht öffnet!
Die Geschichte zeigt zweierlei: Erstens ist es offensichtlich relativ leicht, solche Viren ins Leben zu rufen. Damit steigt die Anzahl potentieller Virenprogrammierer an. Zweitens kann der Schaden in der Mehrzahl der Fälle durch das richtige Verhalten minimiert, wenn nicht sogar vermieden werden.
Um solche Gefahren rechtzeitig zu erkennen, ist eine fundierte Wissensbasis vonnöten. Auf den folgenden Seiten können Sie lernen, wo die Probleme liegen und was Sie beachten sollten. Sie werden eine Sicherheits-Checkliste vorfinden, in der wichtige Punkte zum Thema Sicherheit angesprochen werden. Zum Schluss gibts den Neun-Punkte-Plan für Ihren eigenen sicheren Rechner: Stellen Sie Ihre Software so ein, dass die Gefahr eines Datenklaus so gering wie möglich ist.

Wann kann es Probleme mit der Sicherheit geben?

Probleme tauchen v.a. immer dann auf, wenn Geld im Spiel ist. Das kann durch die Betrachtung kostenpflichtiger Webseiten geschehen, wenn Sie vergessen sich auszuloggen, also die Verbindung zum Internet über Tage bestehen bleibt, oder wenn fremde Personen von Ihrem Rechner aus surfen.

Ein weiteres mögliches Sicherheitsproblem ist der Missbrauch persönlicher Daten durch Fremde, z.B. wenn Sie persönliche Daten auf Ihren Rechner laden oder einem anderen Rechner zuschicken.

Daneben ist zu beachten, dass Sie sich Viren einhandeln können. Dies sind Programme, die auf Ihrem Rechner ein Eigenleben entwickeln und Ihre Daten entweder auslesen oder völlig zerstören können. Viren verbreiten sich über Downloads oder über E-Mails.

Nun brauchen Sie nicht bei jeder Verbindung darauf zu achten, dass sie gesichert ist. Sie sollten dies aber auf alle Fälle tun, wenn Sie etwas bezahlen, Banküberweisungen tätigen etc.

Wie erkennen Sie eine gesicherte Verbindung?

Ihr Browser zeigt Ihnen an, ob Sie eine gesicherte Verbindung (SSL: Abk. v. *Secure Socket Layer*: Protokoll, das eine gesicherte Datenübertragung ermöglicht) nutzen oder nicht. Dies erkennen Sie an einem kleinen Symbol links unten:

- die gesicherte Verbindung wird durch  (Internet Explorer) oder  (Netscape Navigator) angezeigt,
- die ungesicherte durch  (Internet Explorer) oder  (Netscape Navigator).

Grundlagen der Sicherheit

Spuren im Netz

Noch ein paar Worte zu Ihren Spuren im Netz: Alle Ihre Bewegungen im WWW werden protokolliert. Die Protokolle liegen dabei auf Servern in der ganzen Welt. Große Firmen können aber auch alle Internet-Aufrufe ihrer Mitarbeiter verfolgen. Surfen Sie also auf der Arbeit nicht auf Seiten, bei denen es Ihnen unangenehm wäre, wenn Ihr Chef davon erfahren würde. Dies gilt in besonderem Maße für die Teilnahme an Internetdiskussionen (Chat) und für Privatbestellungen über das Internet. Sie hinterlassen Spuren ...

- **... auf Ihrem eigenen Rechner:**
  - im **Cachespeicher** des Browsers – zwischengespeicherte Webseiten, Grafiken etc.
  - in der **Surfhistorie** – besuchte Seiten (Netscape 4.0: Datei netscape.hst); der Browser merkt sich die zeitliche Reihenfolge (also die Historie) der zuletzt aufgerufenen Webseiten und legt eine History-Liste an. Ihr Chef könnte so z.B. kontrollieren, ob Sie tatsächlich dienstlich surfen. Drücken Sie als Netscape-Anwender doch einmal die Tastenkombination [Strg]+[H]!
  - in der **Adresszeile** (Netscape 3.0: Datei netscape.ini, Netscape 4.0: Datei prefs.js); ab Netscape 4.5 sind diese Daten löschbar unter *Edit* → *Preferences* → *Navigator* → *Clear Location Bar*
  - in der **Protokolldatei** (Logdatei) Ihres Modems (z.B. ModemLog.txt)
  - natürlich in Ihren **Bookmarks**
  - in Ihrer **Adressdatei** (E-Mail-Adressen, Netscape: Datei address.htm)
  - in der **Datei cookies.txt** (Netscape), die Informationen der von Ihnen besuchten Server enthalten kann
- **... auf einem Proxyrechner** (also z.B. dem Server Ihrer Firma!) bzw. beim Provider – dort werden Protokolldateien angelegt („Wer/welcher Rechner rief wann welche Seite auf")
- **... auf einem der besuchten Server:** Auch dort werden Protokolldateien angelegt („Von welchem Rechner wurden wann welche Seiten aufgerufen")

Anonymes Surfen

Wenn Sie durchs Netz surfen, kann der Betreiber einer Website Informationen über Sie sammeln (z. B. mit Hilfe von Cookies). Damit der Betreiber der Site nicht zu viel erfährt, können Sie auch anonym surfen. Unter www.anonymizer.com können Sie Websites betrachten, **ohne** dass der Betreiber Daten über Sie sammeln kann.

Wie geht das? Hierzu wird Ihre Anfrage einfach zu Anonymizer geschickt, der dann die Seite vom Betreiber anfordert und diese dann an Sie weiterleitet – so erfährt der Betreiber einer Internetseite nicht, wo Sie sitzen und wer Sie sind. Das gleiche gibt es auch für E-Mails, also wenn Sie sozusagen einen Brief ohne Absender verschicken wollen:

Unter www.remailer.com können Sie E-Mails versenden, ohne dass der Empfänger Ihre E-Mail-Adresse erfährt. Er kann Ihnen aber trotzdem antworten, da Ihre Adressdaten nur von Remailer gespeichert werden und sonst für niemanden einsehbar sind.

Missbrauch versus Sicherheit – Verschlüsselung in der Debatte

Im Internet gibt es inzwischen viele Anbieter, die sich darauf spezialisiert haben, sichere Datenübertragungen zu ermöglichen. Die Verschlüsselungstechnik (Kryptografie) steht immer wieder im Mittelpunkt der öffentlichen Diskussion. Sie verhindert einerseits, dass E-Mails von Unbefugten gelesen werden. Andererseits werden diese Verfahren auch von Personen genutzt, die nicht nur Gutes im Sinn haben: Radikale Gruppen jeglicher Färbung und Terroristen nutzen das Internet zum Informationsaustausch. Die Verschlüsselungstechnik hat inzwischen einen Standard erreicht, der auch für öffentliche Behörden das Entschlüsseln nahezu unmöglich macht. Daher haben einige Länder bereits spezielle Cyber-Polizei-Einheiten eingerichtet, die sich nur mit Fragen wie dieser auseinandersetzen.

Verschlüsseln von E-Mails

Damit Ihre E-Mails von keinem Unbefugten gelesen werden, können Sie diese auch verschlüsseln. Unter www.pgpi.com finden Sie ein nützliches und für Privatanwender kostenloses Werkzeug, mit dem Sie Ihre E-Mails verschlüsseln können. Dabei bekommen Sie und Ihr Empfänger einen Codierungs- bzw. Decodierungsschlüssel. Nur mit der richtigen Kombination an Schlüsseln kann das Mail vom Empfänger geöffnet werden.

Eingabe von Daten in Formulare

Geben Sie in Formulare keine Kreditkartennummern, persönliche, geschäftliche oder andere vertrauliche Daten ungeschützt ein. Auch eine leichtsinnig eingegebene Adresse kann Werbe-E-Mails zur Folge haben. Abhilfe schaffen hier nur gesicherte Verbindungen!

Vorsicht beim Übermitteln vertraulicher oder geschäftlicher Daten, z.B. bei elektronischer Bezahlung. Achten Sie darauf, dass Ihre Verbindung gesichert ist!

Virenscanner: Die Lösung?

Virenscanner sind Programme, die Rechner auf Viren absuchen und diese dann auch löschen können. Virenscanner sind immer ein Mittel der RE-Aktion: Sie finden immer nur Viren, die bereits bekannt sind. Neue Viren werden vom Virenscanner nicht erkannt. Somit kann der Virenscanner auch nur beschränkt Schutz bieten. Trotzdem ist es ratsam, solch ein Programm zu installieren.

Bekannte Produkte sind F-prot, McAfee etc. Einen kostenlosen Virenscanner erhalten Sie z.B. unter www.mcafee.com (ActiveShield). Aber achten Sie darauf, immer eine aktuelle Version installiert zu haben. Das bedeutet zwangsläufig, dass Sie sich von Zeit zu Zeit ein Update besorgen müssen.

Zum Thema Sicherheit im Internet gibt es zahlreiche interessante Links. Hier sind einige von ihnen:

- Das Sicherheitsforum: http://www.sicherheit-im-internet.de
- Securityserver der Uni-GH Siegen: www.uni-siegen.de/security
- Bundesamt für Sicherheit in der Informationstechnik: www.bsi.bund.de
- Sehen Sie online, was ein Browser so alles von sich gibt, unter www.vippro.de/hirnbrauser/ oder bei www.datenschutz.ch

Die Sicherheits-Checkliste

Was müssen Sie also tun, um sicher zu surfen? Sie müssen drei thematisch zusammenhängende Blöcke unterscheiden: Wie sichern Sie Ihren Internetzugang? Wie können Sie Ihren Rechner mit Passwörtern schützen? Und schließlich: Wie versenden oder empfangen Sie sichere E-Mails? Hier einige wichtige Hinweise dazu:

Internetzugang

- Sichern Sie Ihren Internet- und E-Mail-Zugang mit Passwörtern, die nur Sie kennen. So wird vermieden, dass Unbefugte in Ihrem Namen surfen.
- Haben Sie Kinder? Falls ja, so nutzen Sie spezielle Software, die es Eltern erlaubt, ihre Kinder vor jugendgefährdenden Inhalten zu schützen. Bekannte Produkte sind CYBERPATROL, CYBERsitter, InterGo, Net Nanny, Net Shepherd, Specs for Kids, SurfWatch. Die Preise liegen zwischen umsonst und 60 €. Tipp: Mal unter **www.tucows.de** in der Rubrik *Parental Control* oder unter **www.gratissoftware.de** in der Rubrik *Sicherheit* nachschauen, was derzeit aktuell angeboten wird.
- Behalten Sie die Kosten unter Kontrolle. Unter **www.internet-schule.com** finden Sie die Shareware „OnlineCounter", die Ihre Verbindungszeiten protokolliert und die Surfkosten ermittelt.

Passwörter

- Verwenden Sie keine Namen von Personen im persönlichen Umfeld oder gar Ihren eigenen Namen!
- Lassen Sie Ihr Passwort nicht für jeden sichtbar herumliegen (z.B. unter der Tastatur), verschicken Sie es auf keinen Fall per E-Mail und geben Sie es nicht leichtsinnig weiter.
- Sie sollten Ihr Passwort nie unbeaufsichtigt auf dem Bildschirm stehen lassen, auch wenn es verborgen ist (mit Sternchen „verdeckt"). Es existieren Programme, die Passwortfelder in Klartext übersetzen können.
- Speichern Sie Ihr Passwort nicht auf Ihrem Rechner. Wenn z.B. Passwörter für den Netzzugang auf der Festplatte gespeichert werden und bekannt ist, wie und wo sie abgelegt sind, können sie ausspioniert werden. Dies ist Hackern ja auch gelungen, indem sie mit Hilfe von **Trojanischen Pferden** die Passwörter von T-Online- und AOL-Kunden herausbekamen. Mit diesem Begriff bezeichnet man kleine Programme, die vertrauliche Daten, z.B. Zugangsdaten für den Provider, an Fremde weitergeben, die diese dann für ihre Zwecke nutzen können …
- Verwenden Sie mindestens acht Stellen für Ihr Passwort. Wählen Sie dabei keine Begriffe aus dem Duden, sondern eine Mischung aus Zahlen, Zeichen und Buchstaben. Ändern Sie Ihr Passwort ab und zu (z.B. einmal pro Quartal). Verwenden Sie bereits benutzte Passwörter nicht erneut.

Ändern Sie Ihr Passwort von Zeit zu Zeit – so schützen Sie Ihren Rechner vor unerwünschten Eindringlingen.

Hans Holbein d. J.: Die Gesandten
Das Verschlüsseln geheimer Botschaften hat eine lange Tradition. So versteckte der Maler 1533 in diesem Gemälde eine geheime Kritik an den abgebildeten Gesandten. Wenn man den rätselhaften ovalen Fleck im Vordergrund von links unten betrachtet, kann man einen Totenkopf erkennen – zur Zeit Holbeins das allseits bekannte Symbol für Eitelkeit.

E-Mail

- Versenden Sie wichtige Dateien nur verschlüsselt oder nutzen Sie entsprechende Software zur Verschlüsselung von E-Mails.

- Vertrauliche Inhalte können auch mit Hilfe der **Steganografie** übermittelt werden. Dabei werden verschlüsselte Daten in unauffälligen Sound-, Text- oder Grafikdateien (so genannten „Trägerdateien", weil sie versteckte Informationen „tragen") versteckt. Einem verschlüsselten E-Mail sieht man an, dass hier etwas verschlüsselt wurde. Wer aber denkt schon bei einem E-Mail mit harmlosem Inhalt daran, dass in der mitgeschickten Bilddatei die eigentliche Information versteckt ist? Wie das funktioniert, kann man „live" mit eigenen Texten ausprobieren unter www.ip-service.com/cgi-bin/stego.pl .

- Viren verstecken sich häufig in **Makros** – kleinen Programmen, die die Bearbeitung von Texten, Tabellen etc. erleichtern und die aus dem Internet heruntergeladen werden können. Zum Schutz gegen Makroviren sollten Sie daher:

  1. **Attachments** (Anhänge an E-Mails) von MS-Office-Dokumenten unbekannter Herkunft (z.B. *DOC-Datei) meiden. Wollen Sie sie unbedingt ansehen, dann mit einem Viewer (kostenlos von Microsoft erhältlich), statt die zugehörige Anwendung (im Beispiel Word) zu starten.
  2. **Makroviren-Schutz** aktivieren *(Extras → Optionen → Allgemein → Makrovirenschutz)*

- Gelöschte E-Mails landen erst mal im „Papierkorb" (je nach E-Mail Programm als „Trash", „Gelöschte Objekte" o.Ä. bezeichnet). Sie können dort noch gelesen werden. Sie sollten also den Papierkorb leeren, wenn vertrauliche E-Mails wirklich gelöscht werden sollen.

- Lassen Sie Ihren PC mit offenem E-Mail-Zugang auch kurze Zeit nicht unbeaufsichtigt, wenn Unbefugte ihn benutzen könnten. Oder installieren Sie einen Bildschirmschoner mit Passwort *(Start → Einstellungen → Anzeige → Bildschirmschoner)* oder schließen Sie Ihr E-Mail-Programm.

Probieren geht über studieren!

Nochmals: Sicherheitslücken im Internet wird es immer geben, denn schließlich sind die Programme zum Surfen von Menschen gemacht. Aber keine Panik: Wer ein bisschen darauf achtet, dass er an seinem Rechner alle Hintertürchen abschließt, kann sich einigermaßen sicher fühlen vor unerwünschten Eindringlingen.

Die folgenden Regeln verstehen sich als Kompromiss zwischen Schnelligkeit und Sicherheit. Probieren Sie sie aus! Beachten Sie dabei, dass es – je nach Betriebssystem, Browser und persönlichen Einstellungen – zu Abweichungen kommen kann. Wichtig ist, dass Sie die Schlagwörter kennen, unter denen Sie die jeweilige Einstellung finden können. Mit diesem Grundverständnis ausgerüstet, können Sie sich auf eigene Faust Ihren Rechner einrichten - oder dem Hilfsprogramm die relevanten Informationen entlocken!

Neun-Punkte-Plan für einen sicheren Rechner

In den folgenden neun Punkten sind die wichtigsten Einstellungen Ihrer Software erläutert, damit Sie auch sicher surfen können.

1. Stellen Sie einen Proxyserver ein!

Anfragen an das Internet laufen über einen **Proxyserver** (v. engl. *proxy*, Stellvertreter). So sind z.B. die PCs eines Firmennetzes – aber auch Ihr privater Rechner – über einen Proxyserver an das Internet gekoppelt. Dieser wird in der Regel von Ihrem Provider, also z.B. T-Online, unterhalten und übernimmt für Ihren Rechner die Aufgabe einer **Firewall** (engl. f. *Brandmauer)*, d.h. er schützt Ihren Rechner vor schädlichen Programmen aus dem Internet. Viele solcher Server besitzen **Cachespeicher**, um den Informationsfluss zu beschleunigen bzw. die Leitungen zu entlasten. Wenn Sie eine Seite aus dem Internet aufrufen, wird zuerst im Cache nachgeschaut, ob diese Seite noch im Speicher vorhanden ist; sie wird erst direkt aus dem Internet geholt, wenn das nicht der Fall ist.

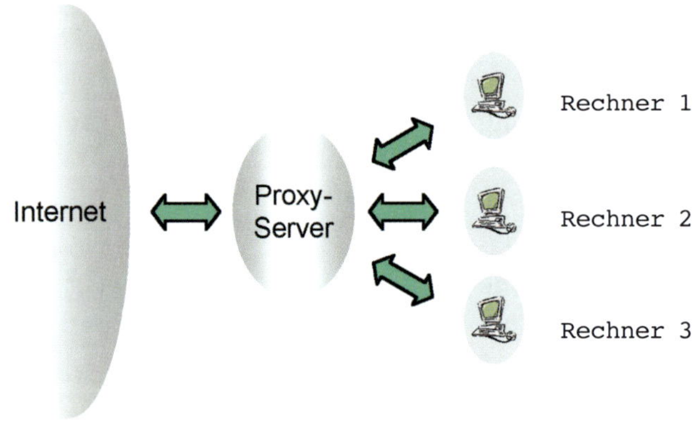

2. Wählen Sie hohe Sicherheitsstufen!

Dies ist eine Option, die nur MS Internet Explorer besitzt. Hier sind sicherheitsrelevante Voreinstellungen abgelegt: *Extras* → *Internetoptionen* → *Sicherheit*.

3. Schalten Sie die automatische Annahme von Cookies ab!

Ein **Cookie** (engl. f. *Keks*) ist eine Informationsdatei, die der Betreiber einer Internetseite bei Ihnen auf dem Rechner „ablegt". Dadurch „merkt" sich die Internetseite, welche Seiten Sie angesehen haben, und bietet Ihnen bei Ihrem nächsten Besuch auf der Webseite die neuesten Informationen zu „Ihren" Themen an. Cookies haben üblicherweise ein „Verfallsdatum", nach denen sie gelöscht werden.

Zur Sicherheit werden die Informationen darüber nur an den Webserver zurückgegeben, der ihn ursprünglich angelegt hat. Sie sollten sich darüber im Klaren sein, dass mit dieser Technik auch ein Profil des Anwenders über seine Surfgewohnheiten erstellt werden kann. Cookies haben aber auch Vorteile: Sie helfen Zeit und damit auch Geld zu sparen. Wenn Sie einen Rechner wieder besuchen, der beim ersten Besuch bei Ihnen ein Cookie hinterlassen hat, kann er beim zweiten Mal sofort Ihre persönlichen Einstellungen auslesen. Sie brauchen also nicht mehr alle Einstellungen noch mal vorzunehmen. Sie können die Annahme verweigern. Wie – das erfahren Sie weiter unten.

4. Begrenzen Sie Scripting und ActiveX!

(Java-)Scripting ist ein von der Firma Netscape eingeführter Standard, um Formulare oder Berechnungen in Internetseiten einzubinden. Die **ActiveX**-Technologie ist eine Produktfamilie, die von Microsoft und anderen Firmen entwickelt wurde, um Webseiten multimediale Möglichkeiten wie Video, Audio, Animation und virtuelle Realitäten hinzuzufügen.

5. Lassen Sie Java nicht immer aktiviert!

Java (ausgesprochen „Dschawa“) ist eine Programmiersprache, die z.B. zur Gestaltung von Dokumenten im Internet verwendet wird. Mit Hilfe von so genannten **Java-Applets** (Programmen, die mit Java geschrieben wurden) können z.B. Programme gestartet werden, die Sie benötigen, um sich ein animiertes Bild anzuschauen – damit der Hase auch wirklich über den Bildschirm springt und nicht einfach dasitzt und sich nicht rührt. In einigen WWW-Seiten sind Java-Applets auch integriert, um Buttons zu animieren: Wenn Sie mit der Maus darüberfahren, ändert sich dann z.B. die Farbe des Buttons.

6. Starten Sie die Eingabeaufforderung für Downloads!

7. Kontrollieren Sie die Rechte der einzelnen Zertifikate!

Ein Zertifikat ist eine Bescheinigung, die die Identität einer Person oder die Sicherheit einer Website garantiert – eine eindeutige digitale Kennung, um die Identität einer Person, einer Website oder eines Java-Programms zu überprüfen. Es handelt sich dabei um eine Datei, die eine Person oder eine Organisation ausweist. Ein Zertifikat ermöglicht Ihnen das Empfangen verschlüsselter Informationen. Mit dem Communicator können aber auch die Zertifikate anderer Benutzer, Websites, Applets und Scripts verwaltet werden. Unter *Eigene* sind Ihre eigenen Zertifikate aufgeführt, unter *Andere* finden Sie die Zertifikate anderer Personen oder Organisationen, und unter *Websites* sind Zertifikate von Websites aufgeführt.

8. Aktivieren Sie alle Warnmeldungen!

9. Aktivieren Sie die Protokollfunktion von Java im Browser!

Einige der Einstellungen können nicht in jedem Browser vorgenommen werden. Im Folgenden sehen Sie daher, welcher Browser welche Einstellungen unterstützt.

Sicherheit oder Funktionalität?
Die hier vorgestellten Maßnahmen für einen sicheren Rechner wirken sich auch auf die Funktionalität aus. Sie werden schnell merken, dass die ewige Abfrage zur Cookie-Annahme schnell lästig wird. Hier müssen Sie als Anwender entscheiden, welchen Weg Sie wählen wollen.

Sicherheitseinstellungen im Internet Explorer

Wenn Sie den Internet Explorer verwenden, sollten Sie dieses Kapitel mit besonderer Aufmerksamkeit durchlesen: Die Voreinstellungen bei der Installation gelten nicht als sicher, Sie sollten also nachbessern. Die meisten Einstellungen für Ihren Browser erhalten Sie unter *Extras → Internetoptionen* (Abb. rechts).

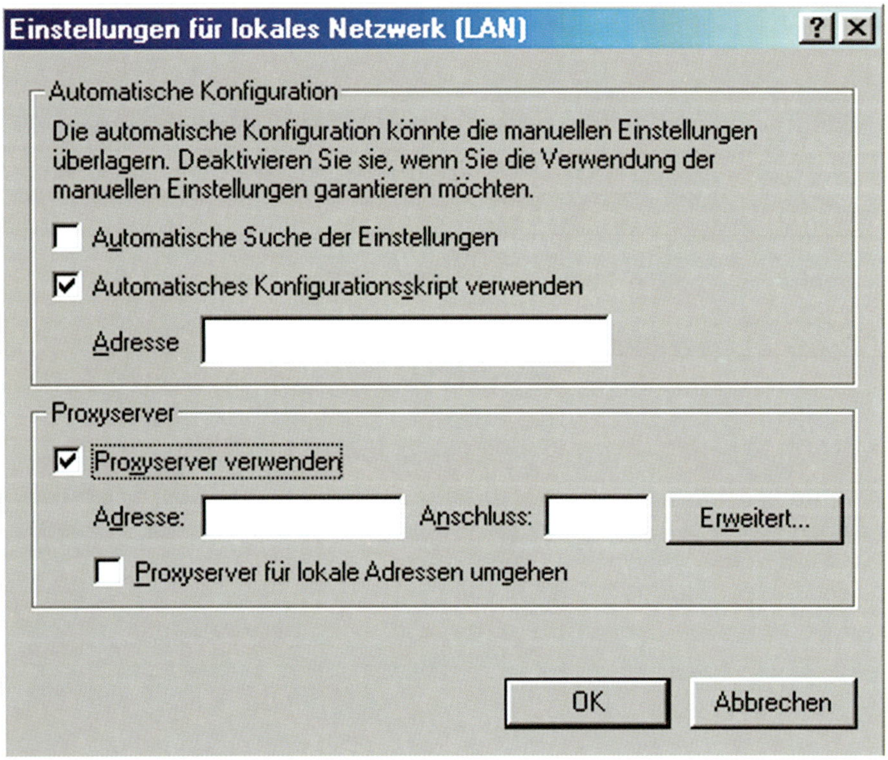

1. Proxyserver

Auf dem Registerblatt *Verbindungen* finden Sie die *LAN-Einstellungen* (Abb. oben links). Mit LAN (Abk. v. engl. *Local Area Network*) wird üblicherweise das lokale Netzwerk bezeichnet. Dort können Sie einen Proxyserver einstellen. Klicken Sie auf *Einstellungen* und aktivieren Sie alle unter Proxyserver genannten Optionen. Unter *Erweitert* können Sie dann die Adresse des Proxyservers eintragen. Bei T-Online ist das z.B. HTTP: proxy.btx.dtag.de; bei Verwendung der T-Online-Zugangssoftware werden diese Daten automatisch eingetragen. Verwenden Sie einen anderen Provider, tragen Sie hier dessen Daten ein, die Sie bei der Anmeldung erhalten haben.

2. Sicherheitsstufe

Wählen Sie im Registerblatt *Sicherheit* die Sicherheitsstufe *hoch* (Abb. oben rechts). Damit werden Cookies abgeschaltet und die automatische Installation von Software unterbunden.

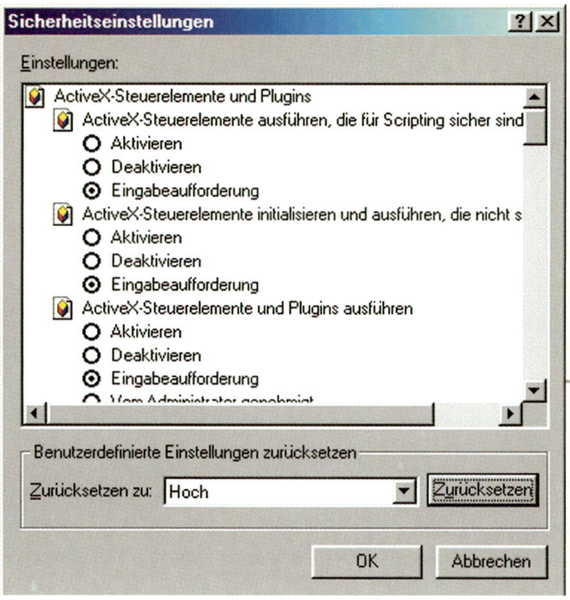

3. Cookies

Wählen Sie auf demselben Registerblatt (*Sicherheit*) unter *Stufe anpassen* (Abb. oben links) im Abschnitt *Cookies* entweder *Deaktivieren* oder *Eingabeaufforderung*. Sie werden dann darauf hingewiesen, dass ein Cookie auf Ihrem Rechner abgelegt werden soll.

4. Scripting und ActiveX

Im gleichen Fenster (Abb. oben links) können Sie Einstellungen zu *Active-X* … und *Scripting* (im gleichnamigen Abschnitt) vornehmen. Programme sollten nur auf eine Eingabeaufforderung ausführbar sein. Dann können Sie noch kontrollieren, ob die Quelle vertrauenswürdig ist. Stellen Sie daher die Eingabeaufforderung ein.

5. Java

Schalten Sie, stets im gleichen Fenster (Abb. oben links), Java aus, sobald Sie es nicht benötigen. Dadurch wird Java-Applets der Zugang zu Ihrem Rechner verweigert.

6. Downloads

Klicken Sie, immer noch im gleichen Fenster (Abb. oben links), im Abschnitt *Download* die Option *Eingabeaufforderung* an. Sie wollen doch nur dann Dateien auf Ihren Rechner überspielt bekommen, wenn Sie auch ausdrücklich darum gebeten haben …

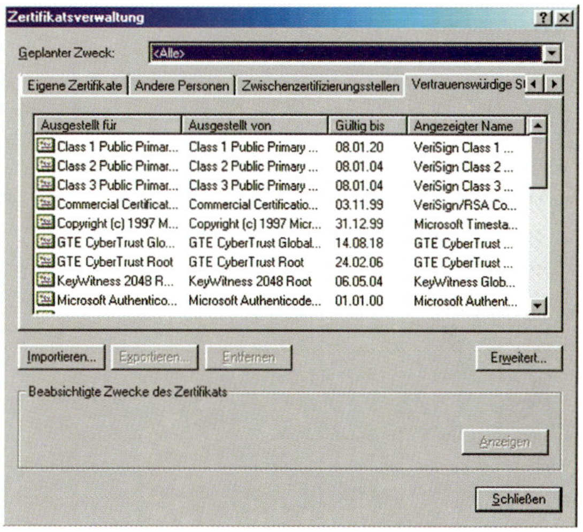

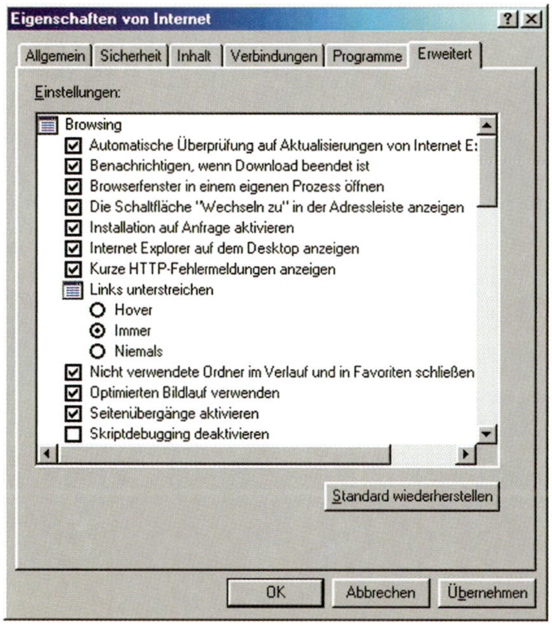

7. Rechte der einzelnen Zertifikate

Ein Zertifikat bekommen Sie automatisch zugeschickt, wenn Sie Daten mit einer Internetseite austauschen (Abb. Mitte). Haben Sie Ihre Sicherheitsstufe auf *mittel* oder *hoch* gesetzt, werden Ihnen Informationen über das Zertifikat der jeweiligen Internetquelle angezeigt. Sie können sich nun entscheiden, ob Sie dem Betreiber vertrauen *(annehmen)* bzw. eher misstrauen *(ablehnen)*. Zertifikate können im Internet Explorer geprüft und nötigenfalls geändert oder gelöscht werden: Einstellungen hierzu können Sie im Registerblatt *Inhalt* unter *Zertifikate* vornehmen.

8. Warnmeldungen

Im Registerblatt *Erweitert* (Abb. unten links) können Sie im Abschnitt *Sicherheit* Warnmeldungen aktivieren. So werden Sie darauf hingewiesen, wenn Informationen oder Daten von Ihnen im Internet versandt oder umgeleitet werden oder offen liegen.

9. Protokollfunktion von Java im Browser

Im Abschnitt *Java VM* (Virtual Machine) können Sie den Explorer veranlassen, ein Protokoll von allen Java-Programm-Aktivitäten anzulegen. Sie haben so die Möglichkeit, bei einer nachträglichen Fehlersuche die Ursachen eines Programmabsturzes zu finden.

Tipp

Wenn Sie noch mehr darüber wissen wollen, wie Sie Ihren Rechner mit Netscape sicherer machen können, wählen Sie im Menü *Hilfe* → *Hilfethemen*. Klicken Sie dann auf *Index* und geben *Sicherheit* ein, so erhalten Sie eine Vielzahl an relevanten Stichpunkten.
Netscape bietet darüber hinaus unter *Hilfe* → *Sicherheit* auch noch stetig aktualisierte Informationen an. Es wird automatisch ein Link zu Netscape aufgebaut, wo Sie alles Wissenswerte zum Thema Sicherheit nachlesen können.

Sicherheitseinstellungen im Netscape Navigator

Sie können die Einstellungen unter *Bearbeiten* → *Einstellungen* vornehmen (Abb. rechts).

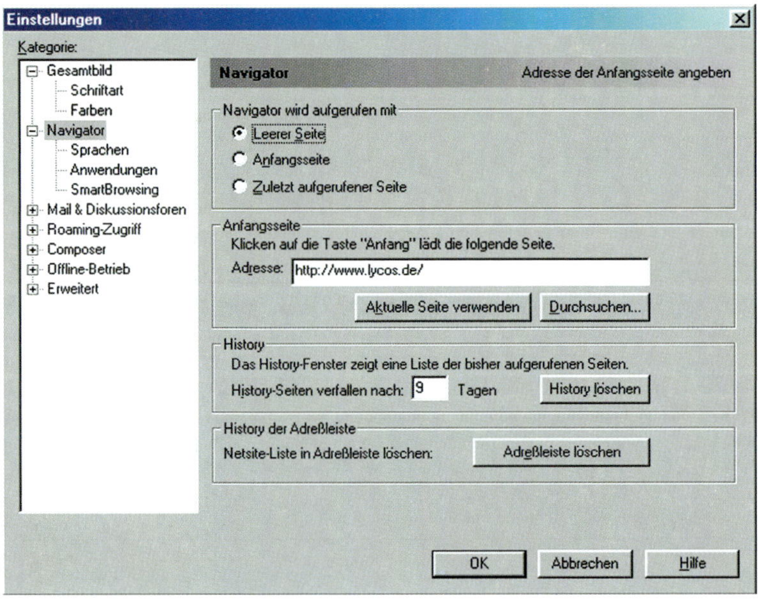

Tipp

Klicken Sie auf das Schloss links unten (bzw. in der Symbolleiste auf *Sicherheit*) und Sie erhalten alle relevanten Sicherheitsinformationen zu der von Ihnen aufgerufenen Internetseite oder der empfangenen Mail.

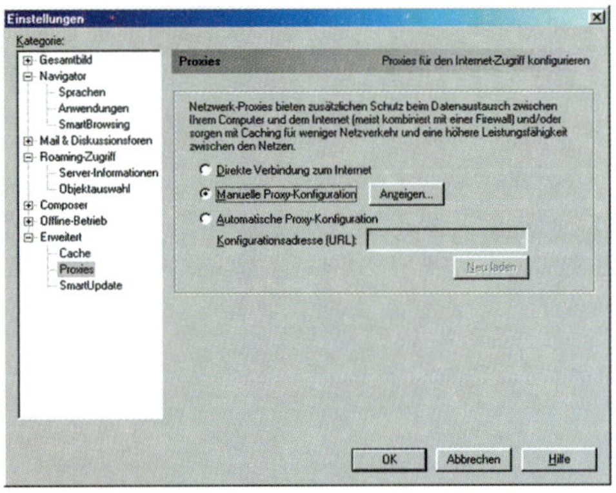

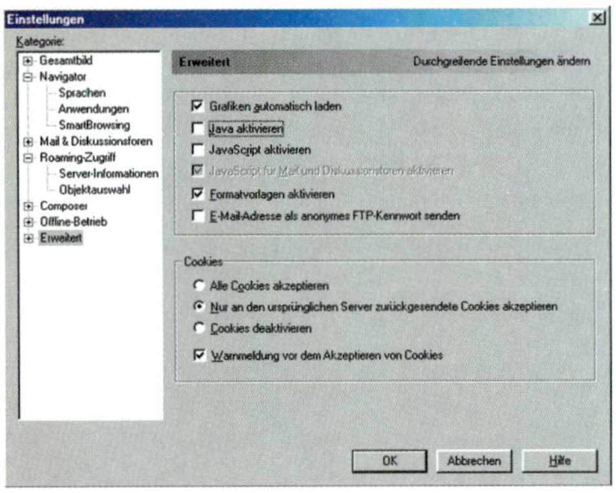

1. Proxyserver

Sie können Ihren Proxyserver unter *Erweitert* → *Proxies* einstellen (Abb. Mitte links). Verwenden Sie hier die Daten, die Sie von Ihrem Provider erhalten haben. Wenn Sie z.B. T-Online als Provider haben, tragen Sie unter HTTP proxy.btx.dtag.de ein. Verwenden Sie einen anderen Provider, tragen Sie hier dessen Daten, die Sie bei der Anmeldung erhalten haben, ein.

2. Sicherheitsstufe

Sie haben im Navigator keine Möglichkeit, Sicherheitsstufen einzustellen. Die von Netscape vorgenommenen Einstellungen gelten bereits als relativ sicher, so dass Sie mit den Erweiterungen im Folgenden alle wichtigen Punkte abdecken.

3. Cookies

Unter *Erweitert* finden Sie Vorschläge, wie mit Cookies verfahren werden soll (Abb. unten links). Wählen Sie *Warnmeldung* ... und Sie erhalten bei allen Cookies einen Hinweis, dass eine Internetseite eine Datei bei Ihnen am Rechner ablegen will. Sie können dann entscheiden, ob Sie das wollen oder nicht.

4. Scripting und ActiveX

Im oberen Teil des Fensters (Abb. unten links) finden Sie die Einstellungen zur Aktivierung von JavaScript. Dahinter verbergen sich die relevanten Einstellungen für Scripting und ActiveX. Wählen Sie die in der Abbildung dargestellten Werte.

Auf den Punkt gebracht

- Achten Sie darauf, wo Sie surfen und wer nach Ihnen den Rechner benutzen kann: Alle Ihre Surftrips sind für den Nachfolger jederzeit nachvollziehbar!
- Öffnen Sie keine Anhänge von Leuten, die Sie nicht kennen!
- Bessern Sie die Voreinstellungen Ihres Browsers nach dem Neun-Punkte-Plan nach!

5. Java

Im gleichen Abschnitt finden Sie auch die Einstellungen für Java. Wählen Sie die dargestellten Werte (Abb. S. 60, unten links). Sollten Sie für das Betrachten einer Seite Java benötigen, werden Sie darauf hingewiesen – und können dann bei Bedarf Java wieder einstellen.

Einige Seiten im Internet – besonders die schönen – benötigen Java zur richtigen Darstellung. Es erscheint dann entweder eine leere Fläche oder der Hinweis, dass Ihr Browser nicht Java-fähig ist. Wenn Sie die animierte Grafik betrachten wollen, können Sie die Einstellung unter *Bearbeiten* → *Einstellungen* im Abschnitt *Erweitert* wieder zurücksetzen. Sie müssen dann nur noch die Seite neu laden.

6. Downloads

In Netscape werden Sie automatisch aufgefordert, einen Download zu bestätigen.

7. Rechte der einzelnen Zertifikate

Bei der Auswahl der Zertifikate sollten Sie nach dem gesunden Menschenverstand handeln: Nehmen Sie nur Zertifikate von Firmen an, denen Sie auch vertrauen. Änderungen oder nachträgliche Kontrollen können Sie vornehmen, indem Sie das Fenster *Sicherheitsinformationen* → *Zertifikate* öffnen (Abb. rechts). Dort können Sie unter *Unterzeichner* Zertifikate einsehen und überprüfen lassen.

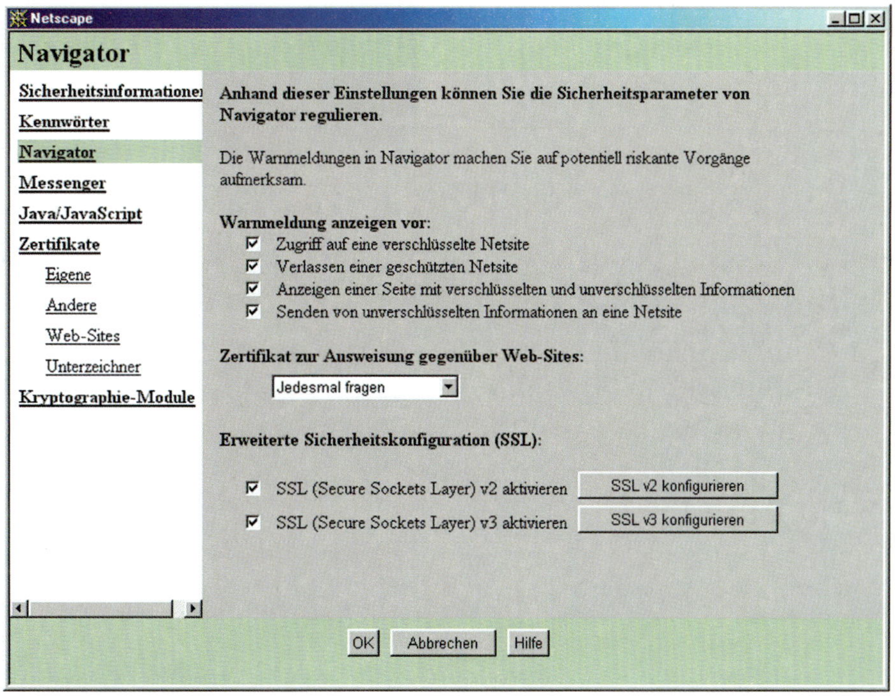

8. Warnmeldungen

Unter *Navigator* finden Sie die Verfahrensweise mit Warnmeldungen (Abb. rechts).

9. Protokollfunktion von Java im Browser

Sie haben außerdem die Möglichkeit, unter *Navigator* Sicherheitskonfigurationen (SSL) einzustellen. SSL *(Secure Socket Layer)* ist ein Protokoll, das entwickelt wurde, um sichere Datenübertragung (z.B. beim Homebanking) über das Internet zu ermöglichen. Netscape- und Microsoft-Browser unterstützen dieses Verfahren. SSL nutzt das Public-Key-Verfahren, bei dem Daten, die mit einem öffentlich zugänglichen Schlüssel codiert wurden, nur mit einem ganz bestimmten privaten Schlüssel wieder dechiffriert werden können. Je nach Browser zeigen die Symbole (Schlüssel oder Vorhängeschloss) eine gesicherte oder ungesicherte Verbindung an. Sie können hier unter mehreren Optionen wählen. Die Voreinstellungen von Netscape sind für ein sicheres Surfen ausreichend.

RUND UMS E-MAIL

Grundlagen der elektronischen Post

Ein E-Mail (also einen elektronischen Brief) schreiben geht schneller als Papier suchen, Umschlag suchen, Adressbuch suchen, den Inhalt schreiben, eintüten, zukleben, Briefmarke suchen und dann zum nächsten Briefkasten tragen. Eingefleischte E-Mailer bezeichnen die „gelbe Post" auch gerne als Schneckenpost (engl. *snail mail*).
E-Mail bietet viele Vorteile:

- weltweite Erreichbarkeit
- schnelle Übermittlung
- geringe Kosten:
  - für die Übertragung eines E-Mails fallen nur die Surfgebühren an
  - ein E-Mail zum Nachbarn kostet genauso viel wie die Übertragung rund um die Erde
- keine unterschiedlichen Tarife wie bei der „gelben Post" (Postkarte, Brief, Eilbrief, Luftpost ...)
- beliebige Dateien können mit dem E-Mail mitverschickt werden

E-Mails können Sie mit reinen E-Mail-Programmen wie Pegasus oder Eudora versenden. Hier wollen wir uns auf die E-Mail-Programme konzentrieren, die erstens am häufigsten eingesetzt werden und zweitens außerdem kostenlos Ihrem Browser beiliegen, nämlich Netscape Messenger und MS-Outlook Express.

Aufbau von E-Mail-Adressen

E-Mail-Adressen sind immer nach dem gleichen Schema aufgebaut, das dem Aufbau der Internetseiten (vgl. Abschnitt *Die Internetadresse*, S. 10 - 11) ähnelt:

name@[hostname.]domain.topleveldomain

name	gibt den Namen des Empfängers an
hostname	Name des adressierten Rechners
domain	Name des Mail-Servers
topleveldomain	Name der übergeordneten Einheit

Ein Beispiel für eine E-Mail-Adresse:
tfleissner@internet-schule.com

name	tfleissner
hostname	hier nicht notwendig
domain	internet-schule
topleveldomain	com

Sie lernen im folgenden Kapitel, die von Ihnen verwendete E-Mail-Software richtig einzustellen, E-Mails zu verfassen und zu versenden sowie zu empfangen und zu beantworten. Außerdem steht die Organisation Ihrer elektronischen Post im Mittelpunkt. Sie erfahren alles Wissenswerte zu Sendeoptionen, Adressbüchern und E-Mail-Verwaltung. Sie lernen weiter, wie Sie Filter setzen können und sich so unerwünschte Post ersparen können und was eine Newsgroup ist.

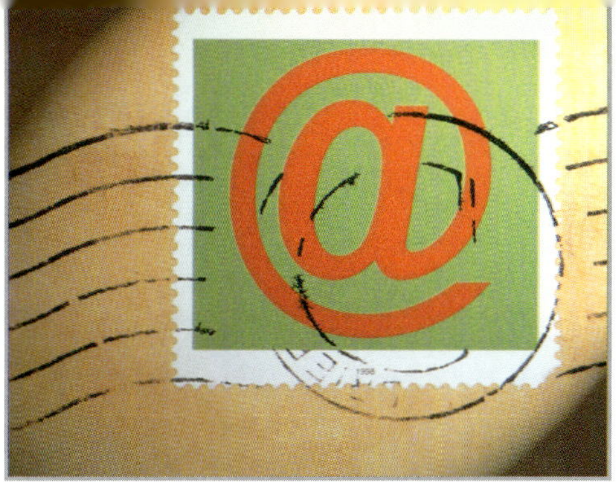

Einstellungen in Outlook Express

Sie können mit dem MS IE direkt keine E-Mails versenden. Dafür hat Microsoft ein eigenständiges Programm, Outlook Express, entwickelt.

Wählen Sie *Start* → *Programme* → *Outlook Express* und Sie erhalten diesen Startbildschirm (Abb. rechts):

Damit können Sie nun die ersten Mails verschicken.

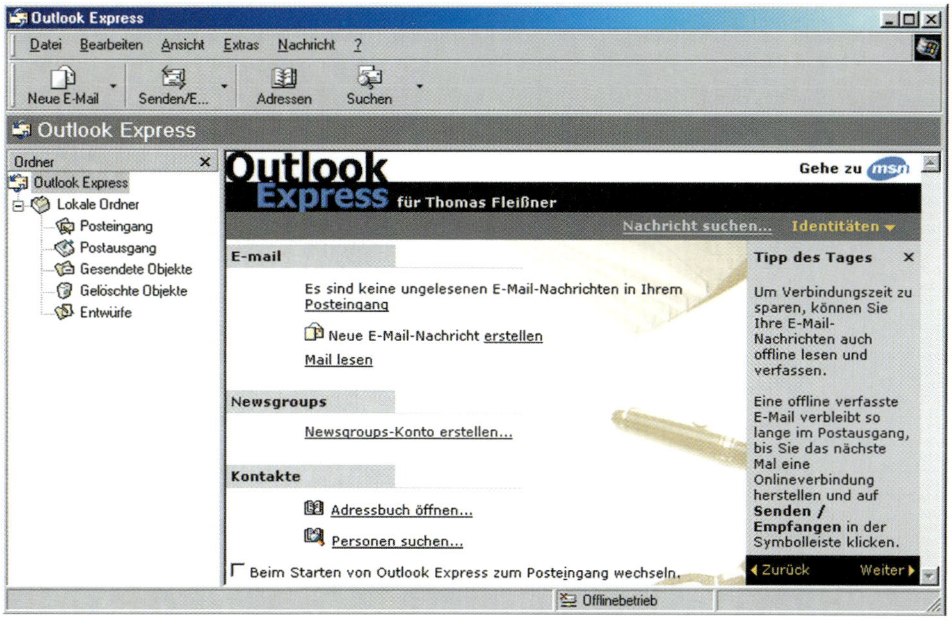

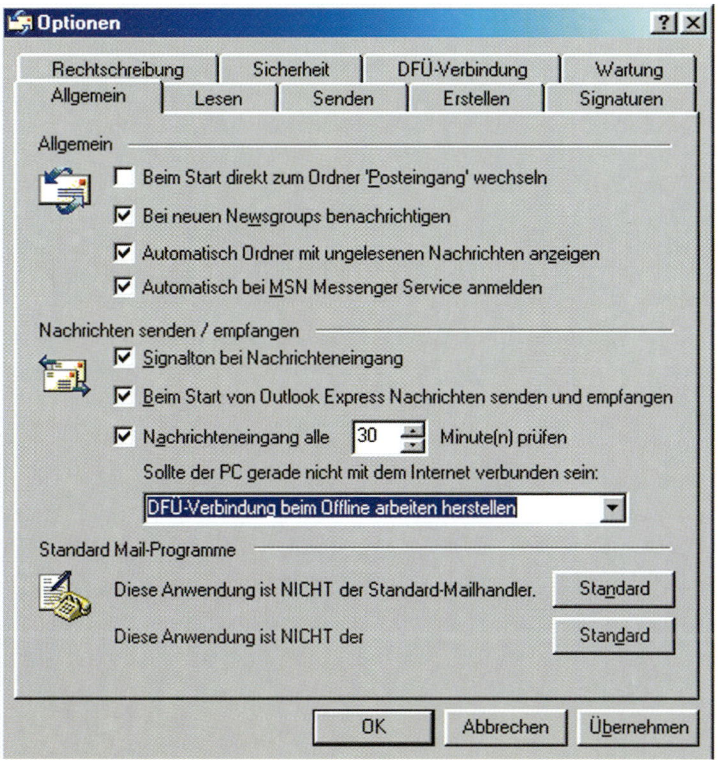

Die von der Software automatisch vorgenommenen Voreinstellungen können Sie in der Regel beibehalten. Sollten Sie jedoch später einmal andere Einstellungen bevorzugen, wählen Sie dazu *Extras* → *Optionen* (Abb. links).

Haben Sie noch keine E-Mail-Adresse auf Ihrem Computer eingerichtet, müssen Sie beim ersten Start von Outlook ein E-Mail-Konto einrichten. Dazu benötigen Sie von Ihrem Provider folgende Daten:

- Typ des Posteingangsservers: Hier können Sie POP3 wählen – eine Variante, bei der alle Mails, die Sie über dieses Konto erhalten, auf Ihrem Rechner geladen werden.
- Bezeichnung von Posteingangsserver (z.B. pop.gmx.de) und Postausgangsserver (mail.gmx.de)
- Kontoname und Passwort

Die Eingaben können Sie jederzeit unter *Extras* → *Konten* korrigieren, ergänzen oder überarbeiten.

Einstellungen in Netscape Messenger

Das mitgelieferte E-Mail-Programm Netscape Messenger finden Sie in der Symbolleiste des Navigators unter *Posteingang* oder in der Menüleiste unter *Communicator → Messenger*.

Sie erhalten diesen Bildschirm (Abb. rechts):

Wenn Sie auf die im Bild mit Pfeilen gekennzeichneten Flächen klicken, können Sie den linken bzw. unteren Teil des Fensters aus- und auch wieder einblenden.

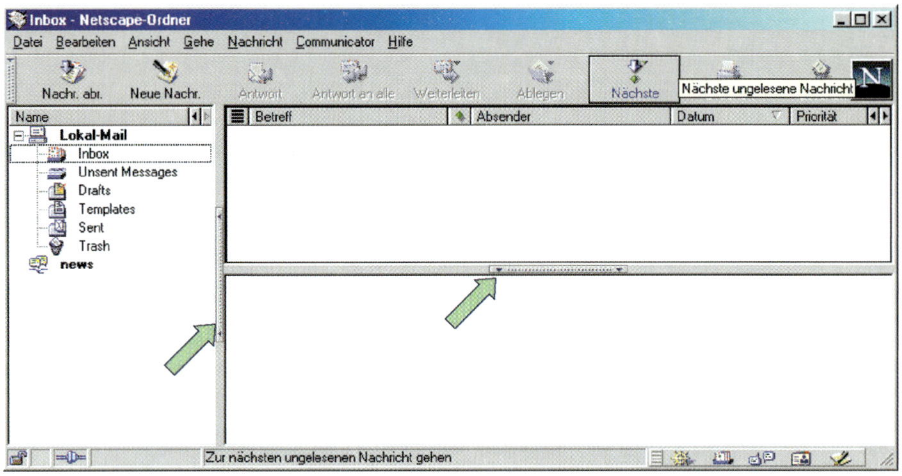

Alle Einstellungen für den Messenger nehmen Sie unter *Bearbeiten → Einstellungen* vor (Abb. links). Hier können Sie Angaben zu Ihrer Identität (Name, E-Mail-Adresse etc.), dem Server Ihres Providers u.a. vornehmen.

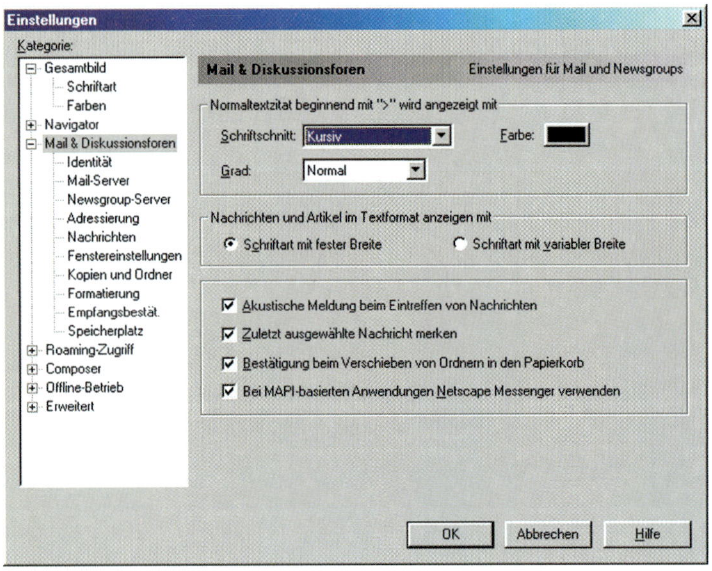

Immer wenn man online ist und den Netscape Messenger startet, versucht dieser, eine Verbindung zu Netscape aufzubauen, und zeigt im unteren Fensterteil die Homepage von Netscape an. Um zu verhindern, dass diese Seite beim Start immer geöffnet wird, gehen Sie bitte wie folgt vor:
Im Verzeichnis Ihrer Festplatte *C:\Programme\Netscape\users* finden Sie die Unterverzeichnisse mit Ihren Profilnamen. Öffnen Sie nun einen beliebigen Texteditor, z. B. *Notepad* (unter *Start → Programme → Editor*), und öffnen Sie die Datei *prefs.js*, die Sie in Ihrem Profilverzeichnis, wie beschrieben, finden. Fügen Sie dieser Datei am Ende genau (!) folgende Zeile an:
user_pref("mailnews.start_page.enabled", false)
Speichern Sie die Datei. Beim nächsten Start bleibt Ihnen die Netscape-Homepage erspart.
Bevor Sie die Datei ändern, beenden Sie Netscape. Andernfalls kann es sein, dass Netscape die von Ihnen geänderte Datei beim Speichern automatisch überschreibt und Ihre Änderungen wieder verwirft – Sie erhalten beim nächsten Messenger-Start dann wieder die Netscape-Homepage, die Sie eigentlich vermeiden wollten ...

E-Mails verfassen und versenden

Beim Schreiben und Verschicken von E-Mails müssen Sie – unabhängig von der verwendeten Software– stets gleich vorgehen:

1. Sie rufen das Programm auf, mit dem Sie Ihre E-Mails schreiben.
2. Sie geben die Anschrift unter *An* ein.
3. Sie geben den *Betreff* ein.
4. Sie schreiben die Nachricht.
5. Sie versenden die Nachricht.

Tipp

Sie können Ihre E-Mails auch offline schreiben – ohne dafür Geld auszugeben: Alle Mail-Programme funktionieren auch, wenn Sie nicht eingeloggt sind. Sie können also in aller Ruhe Ihre Mails schreiben – und wenn Sie fertig sind, wählen Sie sich ins Internet ein und verschicken Ihre Post.

E-Mails schreiben in Outlook Express

Wollen Sie ein E-Mail verschicken, wählen Sie in Outlook *Neue E-Mail* und Sie erhalten diesen Bildschirm:

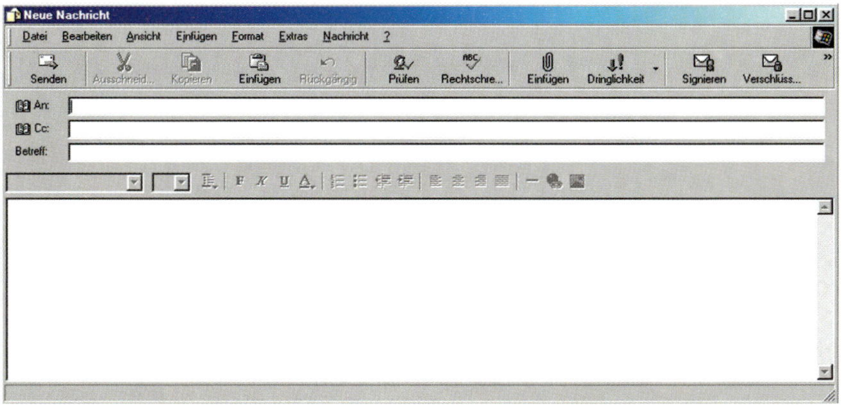

Tipp

Ist Ihnen der weiße Hintergrund zu langweilig, bietet Outlook unter *Format → Hintergrund* verschiedene Hintergrundfarben und Motive. Beachten Sie aber: Die bunten Bilder in Ihrem E-Mail schauen zwar recht nett aus, benötigen aber auch Speicherplatz. Das E-Mail wird dadurch größer, was sich auf die Übertragungsgeschwindigkeit auswirkt. Außerdem werden die bunten Bilder auch nicht von jedem E-Mail-Programm gleich verstanden, d.h. was Sie an Ihrem Bildschirm sehen, ist nicht zwangsläufig das, was der Empfänger zu sehen bekommt.

Als erstes geben Sie die E-Mail-Adresse des Empfängers und das Betreff Ihres Schreibens in die jeweiligen Zeilen. Wollen Sie eine Kopie des Briefes auch an andere Empfänger schicken, tragen Sie deren E-Mail-Adressen – durch Komma getrennt – unter „Cc" (Abk. v. engl. *carbon copy*, Durchschrift) ein.

Jetzt geht es an den Inhalt. Achten Sie beim Schreiben darauf, die deutschen Sonderzeichen „Kreuzworträtsel-mäßig" zu schreiben (ä=ae, ö=oe, ü=ue, ß=ss).

Das Mail-Programm des Empfängers könnte solche Zeichen sonst als „Schmierzeichen" interpretieren. Ist der Inhalt fertig, sollten Sie nochmals Korrektur lesen. Am Ende reicht ein Klick auf den *Senden*-Button, und schon wird Ihr Mail ins Netz versandt.

Sie haben auch noch die Möglichkeit, Dateien wie Fotos oder Musikstücke zu versenden. Wählen Sie dafür in der Symbolleiste *Einfügen*. Es erscheint dann das Ihnen bekannte Fenster, in dem Sie eine beliebige Datei auswählen können.

Tipp

Nutzen Sie die Adressbuchfunktion Ihres E-Mail-Programms; das zahlt sich auf jeden Fall aus. Spätestens wenn das E-Mail wegen eines einzigen Tippfehlers als unzustellbar zurückkommt, überlegen Sie es sich noch einmal (vgl. a. Abschnitt *Adressbücher und Verteilerlisten*, S. 68 - 69).

E-Mails verfassen und versenden

E-Mails schreiben in Netscape Messenger

Ein E-Mail können Sie schreiben, indem Sie die Schaltfläche *Neue Nachricht* wählen. Sie erhalten dann folgenden Bildschirm:

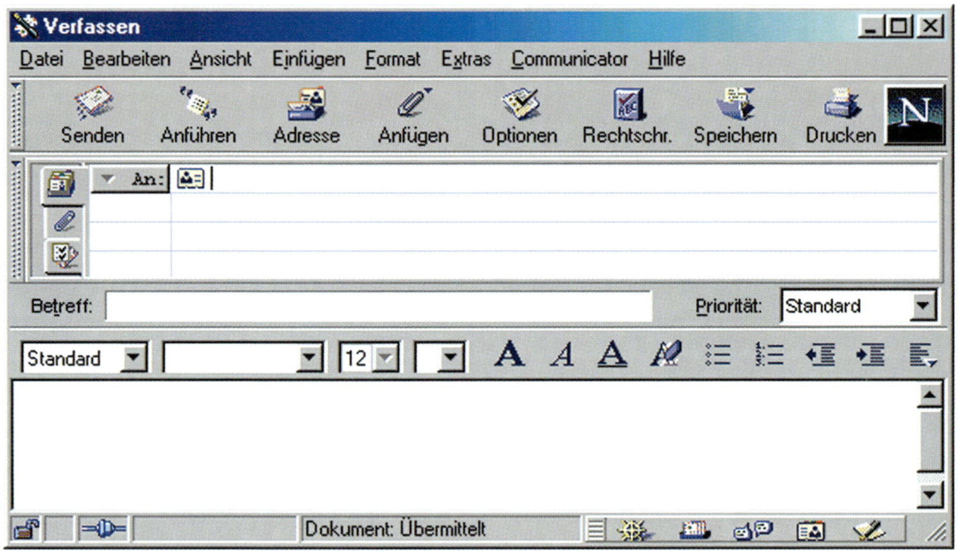

Zunächst müssen Sie einige Eintragungen vornehmen:

An: Hier tragen Sie die E-Mail-Adresse des Empfängers ein; mehrere E-Mail-Adressen können Sie durch ein Komma getrennt eintragen, oder Sie springen in das zweite Feld.

Büroklammer: Hier können Sie sehen, ob eine Datei angehängt ist. Möchten Sie eine Datei anhängen, wählen Sie in der Symbolleiste *Anfügen*. Es erscheint dann das Ihnen bekannte Fenster, in dem Sie eine beliebige Datei auswählen können.

Unter dem dritten Button können Sie weitere Optionen (z.B. *Verschlüsselung*, *Format* etc.) einstellen.

Beides muss nicht ausgefüllt werden.

Betreff: Geben Sie ein Stichwort an, das den Inhalt Ihres Mails beschreibt.

Ist Ihr E-Mail fertig, klicken Sie nur noch auf die Schaltfläche *Senden*.

Mit dem Büroklammer-Button können Sie Dateien an Ihre E-Mails anhängen (Attachment). Das können Textdokumente, Bilder oder auch Musikstücke sein.

E-Mails empfangen und beantworten

Wie kommen Sie an die Ihnen zugesandten E-Mails?

Der Weg eines für Sie bestimmten E-Mails führt vom Absender zu dessen Provider, wird von dort über das Internet weiterversandt und landet schließlich bei Ihrem Provider. Dieser informiert Sie dann über den E-Mail-Eingang: Wenn Sie sich einloggen (anmelden), erhalten Sie automatisch den Hinweis, dass ein E-Mail eingegangen ist. Zur Abholung müssen Sie dann nur noch Ihr E-Mail-Programm starten.

E-Mails empfangen und beantworten in OutlookExpress

Beim Eingang eines E-Mails werden Sie in der Symbolleiste Ihres Betriebssystems (!) durch einen Briefumschlag und ein Signal auf ein neues Mail hingewiesen. Öffnen Sie Outlook und wählen Sie *Posteingang*. Das Mail wird lokal auf Ihrem Rechner gespeichert und erscheint im Posteingang **fett** markiert.

Zum Beantworten markieren Sie das Mail. Wählen Sie in der Symbolleiste *Antworten, Allen Antworten* bzw. klicken Sie mit der rechten Maustaste und wählen Sie im erscheinenden Menü *Verfasser antworten* oder *Allen Antworten*. Automatisch öffnet sich ein Fenster, in das Sie Ihre Antwort eintragen können – das lästige Eintippen der Adressen bleibt Ihnen erspart.

Sie haben neben diesen Möglichkeiten noch eine Reihe weiterer, wie z.B. das Weiterleiten von Nachrichten. In beiden Programmen können Sie diese Optionen mit der rechten Maustaste aufrufen.

E-Mails empfangen und beantworten in Netscape Messenger

Im Hauptfenster des Navigators erscheint in der Symbolleiste am Posteingang beim Start zunächst ein gelber Pfeil, der anzeigt, dass noch keine Überprüfung nach E-Mails stattgefunden hat. Hat Ihr Provider E-Mails für Sie empfangen, wechselt die Farbe des Pfeils auf grün, und ein Signalton weist Sie darauf hin, dass Sie Ihre Mails abholen sollen. Dies tun Sie, indem Sie den Messenger starten; Messenger holt dann automatisch Ihre Mails ab und lädt sie lokal auf Ihren Rechner.
Neue E-Mails erscheinen dann fett markiert in der Inbox im linken Teil des Messenger-Fensters. Klicken Sie darauf, und Sie können die E-Mails lesen.
Die schnellste und einfachste Art, ein E-Mail zu beantworten ist, das E-Mail, das Sie beantworten wollen, zu markieren. Klicken Sie dann in der Symbolleiste auf *Antwort* bzw. *Antwort an alle* oder klicken Sie mit der rechten Maustaste auf das Mail und wählen Sie im erscheinenden Menü *Antwort nur an Absender* oder *Antwort Absender und alle Empfänger*, wenn Sie allen Empfängern antworten wollen.
Es erscheint daraufhin das *Verfassen*-Fenster; automatisch sind bereits Empfänger (= der ursprüngliche Absender) und der Text seiner Nachricht eingetragen.

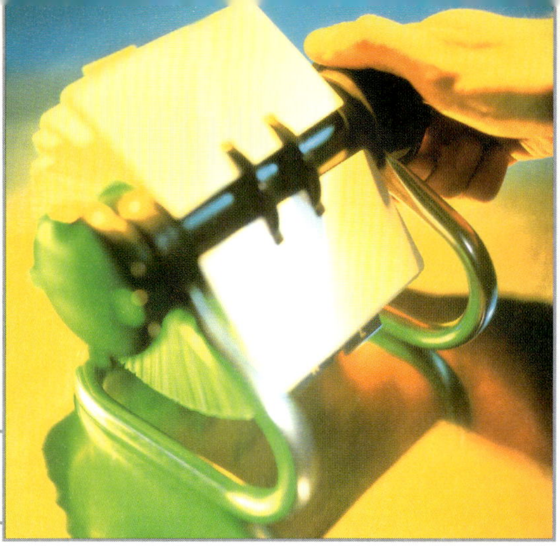

Adressbücher und Verteilerlisten

Eins der nützlichsten Werkzeuge eines E-Mail-Programms ist das Adressbuch. Sie können dort die Adressen Ihrer Freunde, Bekannten und Geschäftspartner eintragen. Wenn Sie dies tun, vervollständigt die Software bei der Eingabe des Empfängers automatisch dessen E-Mail-Adresse. Sie können außerdem Verteilerlisten anlegen, in denen mehrere Empfänger eines E-Mails zusammengefasst werden. Das hat den Vorteil, dass Sie nicht jeden Empfänger einzeln angeben, sondern nur die Verteilerliste als Empfänger aufrufen müssen. Den Rest erledigt die Software.

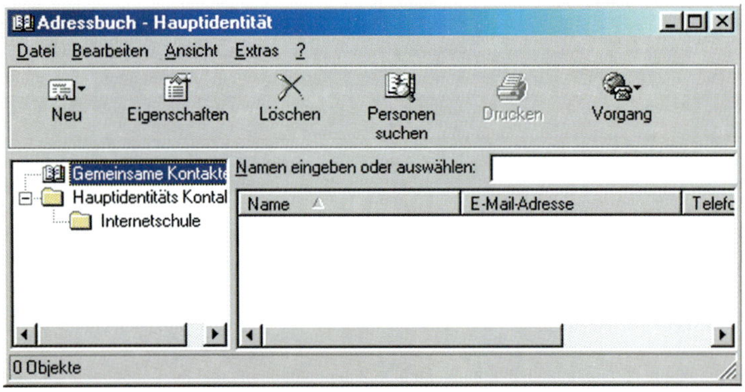

Adressbuch anlegen in Outlook Express

Sie gelangen am schnellsten zum Adressbuch, wenn Sie im bereits bekannten Startfenster von Outlook unter *Kontakte* die Option *Adressbuch öffnen* ... wählen (Abb. links). Sie können auch direkt aus dem Fenster *Neue Nachricht* in das Adressbuch gelangen über *Extras* → *Adressbuch* ... oder [Strg]+[Umschalt]+[B].

Hier können Sie Ihre Adressen eingeben *(Neu* → *Neuer Kontakt ...)* und auch verwalten. Die Adressen werden bei der Eingabe automatisch vervollständigt.

In der Symbolleiste *(Neu)* können Sie unter *Neuer Kontakt* eine Karteikarte mit Hintergrundinformationen (z.B. Telefon- und Faxnummer, Firma etc.) anlegen. Nachträglich bearbeiten lassen sich die Karteikarten, indem Sie eine Karteikarte markieren und auf *Eigenschaften* in der Symbolleiste klicken.

Verteilerlisten in Outlook Express

In Outlook heißt die Verteilerliste Versandgruppe. Zum Anlegen einer Versandgruppe müssen Sie im Adressbuch das Menü *Neu* → *Neue Gruppe* wählen. Im Dialogfeld *Gruppenname* geben Sie den Namen der Gruppe an.

Ein Mitglied fügen Sie hinzu, indem Sie im selben Fenster auf die Schaltfläche *Mitglieder auswählen* klicken. Sie erhalten nebenstehendes Fenster.

Klicken Sie hier auf *Suchen* oder wählen Sie im darunter liegenden Feld direkt das potentielle Mitglied an und klicken Sie dann auf *Auswählen*. Auf der rechten Seite sehen Sie, welche Mitglieder Ihr Verteiler umfasst.

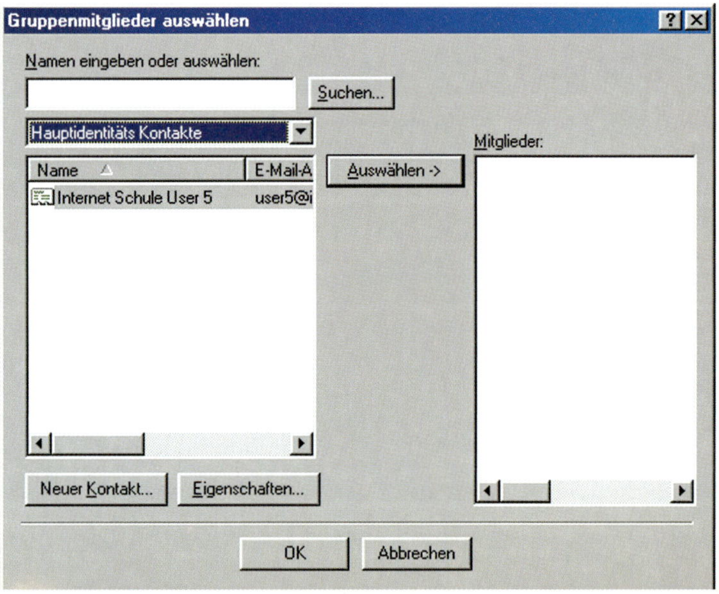

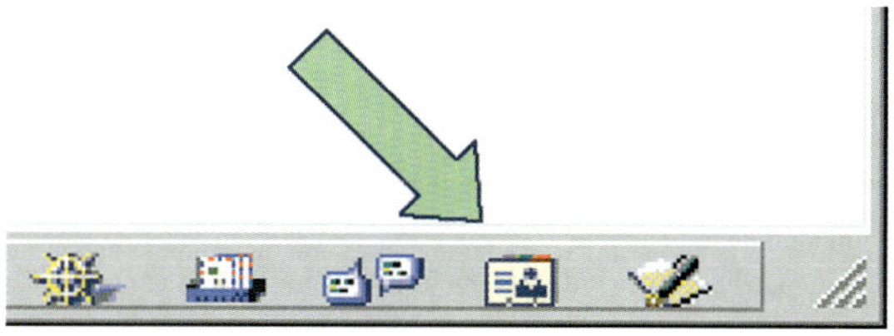

Adressbuch anlegen in Netscape Messenger

Sie gelangen zum Adressbuch, indem Sie auf das Adressbuch-Symbol in der Netscapeleiste klicken (Abb. rechts oben):

Oder Sie wählen in der Menüleiste *Communicator* → *Adressbuch*. Sie erhalten folgendes Fenster (Abb. rechts):

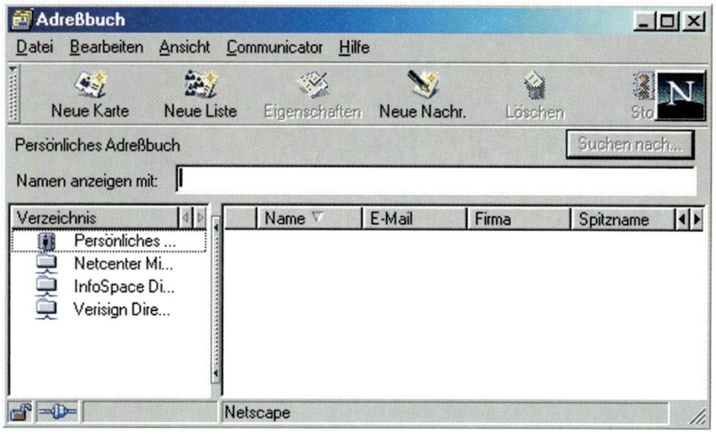

Dort können Sie mit *Neue Karte* einen neuen Eintrag anlegen und Hintergrundinformationen vermerken. Schneller gehts, wenn Sie das eingegangene E-Mail markieren, mit der rechten Maustaste das Menü aufrufen und dort *Absender in Adressbuch aufnehmen* wählen – so ersparen Sie sich eventuelle Tippfehler.

Wollen Sie einen Eintrag nachträglich bearbeiten, klicken Sie mit der rechten Maustaste auf die entsprechende Karte und wählen Sie *Eigenschaften*. Es erscheint dann wieder das Eingabefenster dieser Karteikarte.

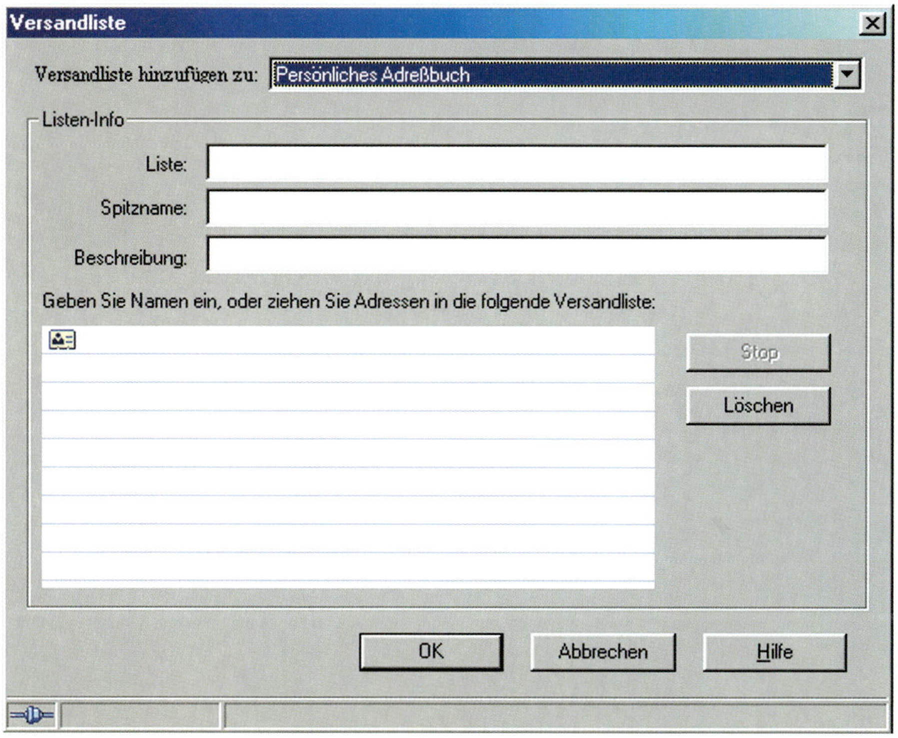

Verteilerlisten in Netscape Messenger

Wählen Sie *Neue Liste* und Sie erhalten ein Eingabefenster, in dem Sie Listennamen und Empfänger festlegen (Abb. links).
Beim Versand müssen Sie lediglich den Listennamen als Adressaten angeben.

E-Mails drucken und verwalten

Sie werden bald merken, dass Sie erstens im Laufe der Zeit eine Menge E-Mails bekommen und zweitens bald den Überblick verlieren. Daher ist es nötig, dass Sie Ihre E-Mail-Korrespondenz zu organisieren lernen. Drei Punkte sind dabei wichtig:

1. Das Drucken von E-Mails
2. Das Löschen von E-Mails
3. Das Speichern von E-Mails

Das Drucken von E-Mails

Die einfachste Art, an den Inhalt eines E-Mails „schwarz auf weiß" zu kommen, ist es zu drucken. Öffnen Sie das Mail, und wählen Sie in der Symbolleiste *Drucken* oder in der Menüleiste *Datei* → *Drucken*. Das E-Mail wird daraufhin gedruckt (gilt für beide Mail-Programme).

Das Löschen von E-Mails

Markieren Sie das Mail. Drücken Sie die [Entf]-Taste – fertig (gilt für beide Mail-Programme).

> Tipp
>
> Achtung! Die Mails werden nicht unwiederbringlich gelöscht, sondern nur in einen anderen Ordner (Outlook: *Gelöschte Objekte*, Netscape: *Trash*, engl. f. *Müll, Abfall*) verschoben. Ab und zu ist es daher ratsam, auch diese Ordner – ähnlich einem Papierkorb – zu leeren.
>
> **Papierkorb leeren in Netscape Messenger**
>
> Öffnen Sie den Ordner *Trash*, markieren Sie alle Mails und wählen Sie in der Symbolleiste *Löschen*.
>
> **Papierkorb leeren in Outlook Express**
>
> Markieren Sie den Ordner *Gelöschte Objekte* mit der rechten Maustaste und wählen Sie im erscheinenden Menü *Ordner „Gelöschte Objekte" leeren*.

Das Speichern von E-Mails

Nun, speichern müssen Sie eigentlich keine E-Mails – das geschieht automatisch, wenn Sie Ihre E-Mails bei Ihrem Provider abholen.

E-Mail-Verwaltung mit Ordnern

Sicher haben Sie schon gemerkt, dass E-Mailen eine wunderbare Sache ist. Und gerade deswegen haben Sie sicher auch schon eine große Menge „alter" Mails auf Halde liegen, die Sie gerne etwas übersichtlicher angeordnet hätten. Was aber ist zu tun, wenn Sie thematisch zusammengehörige E-Mails auch zusammen ablegen wollen, um später darauf zugreifen zu können? Die Lösung lautet: Legen Sie sich einen Ordner an. Ähnlich wie bei dem Gegenstück aus Hardware, also dem Ordner im Aktenschrank, kann das E-Mail-Programm Ordner anlegen, in denen zusammengehörige E-Mails abgelegt werden können. Wie aber wird ein Ordner angelegt?

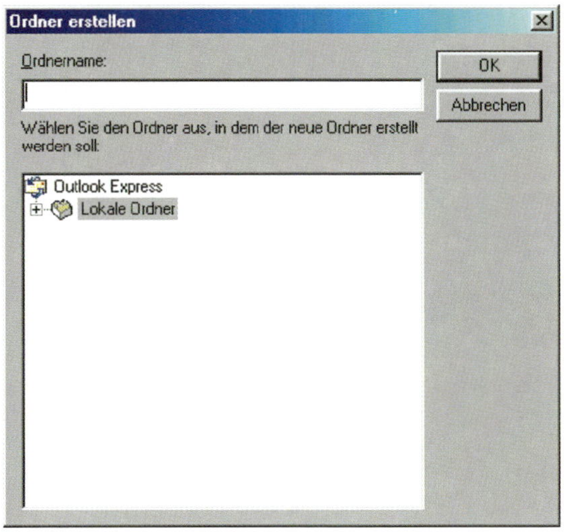

Ordner anlegen in Outlook Express

Markieren Sie den entsprechenden Ordner und wählen Sie dann in der Menüleiste *Datei* → *Ordner* → *Neu ...* . Im erscheinenden Fenster können Sie Ordnernamen und Unterordner angeben (Abb. links).
Sie können auch den ersten Schritt weglassen und nur auf *Datei* → *Ordner* → *Neu ...* klicken. Oder Sie wählen [Strg]+[Umschalt]+[E]. Oder Sie klicken mit der rechten Maustaste auf *Lokale Ordner* und dann im erscheinenden Menü auf *Neuer Ordner*. Welchen Weg Sie wählen, bleibt Ihnen überlassen. Der neue Ordner erscheint dann stets automatisch unter *Lokaler Ordner*.

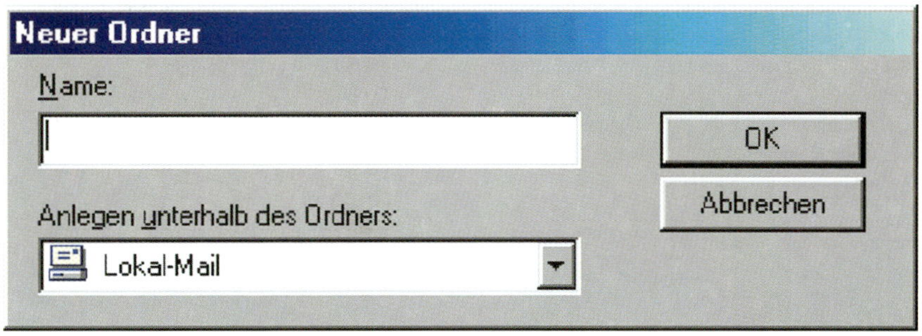

Ordner anlegen in Netscape Messenger

Wählen Sie in der Menüleiste *Datei* → *Neuer Ordner*. Sie können jetzt im folgenden Fenster (Abb. rechts) einen Namen für Ihren Ordner vergeben, wie z.B. „Internetschule" oder „Chef" oder „Verein" – Hier haben Sie freie Wahl. Klicken Sie auf *OK* und der Ordner wird automatisch unter *Lokal-Mail* angelegt. Sie können auch Unterordner anlegen. Hierzu müssen Sie im zweiten Feld auf das kleine Dreieck klicken *(Drop-down-Menü)* und einen übergeordneten Ordner aussuchen.

Wollen Sie den Namen ändern, gehen Sie auf *Bearbeiten* → *Ordnereigenschaften* oder klicken Sie mit der rechten Maustaste auf den Ordner und dann im erscheinenden Menü auf *Ordnereigenschaften*. Im Eingabefeld können Sie einen neuen Namen für den bereits vorhandenen Ordner vergeben.

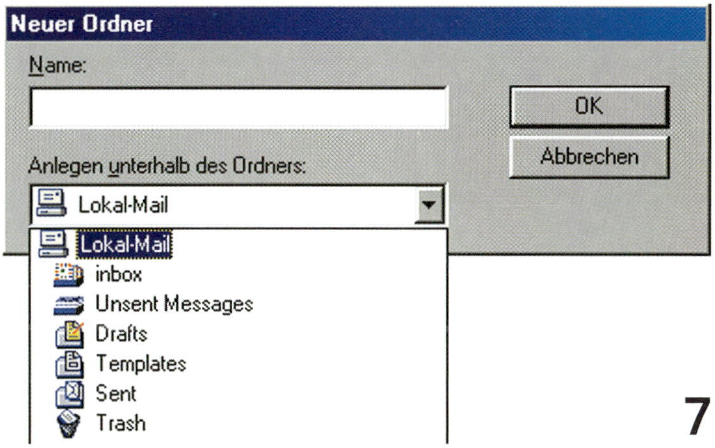

Filter setzen

Das ständige Einsortieren der neuen E-Mails nervt Sie? Dann lassen Sie sich doch helfen: Setzen Sie so genannte „Filter“. Diese sorgen dafür, dass ein eingehendes Mail automatisch in einem von Ihnen angegebenen Ordner abgelegt wird. Damit Sie auch merken, wo ein neues E-Mail abgelegt wurde, wird beim Posteingang der entsprechende Ordner fett dargestellt.

Filter setzen in Outlook Express

Wählen Sie *Extras* → *Regeln* → *E-Mail*. Im erscheinenden Fenster können Sie die Regeln festlegen, nach denen ankommende E-Mails verschoben werden sollen. Mögliche Kriterien sind hier „Betreff“ und v.a. „Von“. Bestätigen Sie mit *OK* – fertig! Im Falle mehrerer Kriterien wählen Sie einfach mehrere Bedingungen aus. In der Regelbeschreibung können Sie dann festlegen, ob eines der Kriterien (ODER-Verknüpfung) oder alle (UND-Verknüpfung) gelten sollen.

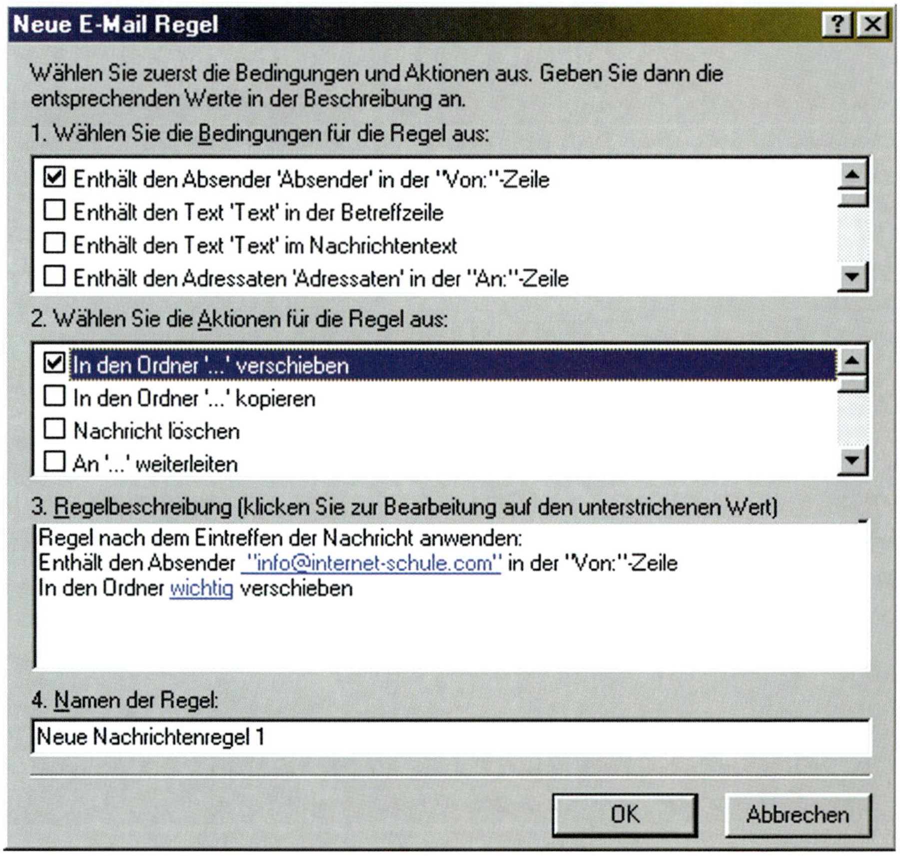

> **Tipp**
> Achtung! Durch den Filter werden neu ankommende Mails in beiden E-Mail-Programmen weiterhin **fett** hervorgehoben. Sie brauchen also nicht jedes Mal alle Ordner zu durchsuchen, um neue Mails zu finden – das macht der Computer für Sie.

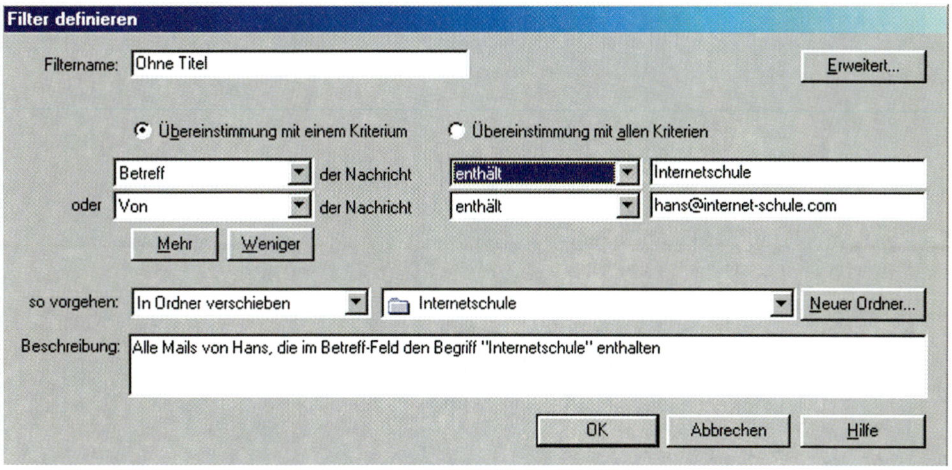

Filter setzen in Netscape Messenger

Wählen Sie *Bearbeiten* → *Nachrichtenfilter* und weiter *Neu* ... (Abb. oben rechts). Sie müssen nun ein Kriterium angeben, nach dem eingehende E-Mails verschoben werden sollen. Mögliche Kriterien sind hier „Betreff", und v.a. „Von". Wollen Sie mehrere Kriterien festlegen (z.B. alle Mails von Hans zum Thema Internetschule), können Sie dies tun, wenn Sie auf *Mehr* klicken (Abb. oben rechts).

Wählen Sie aus, ob alle Kriterien oder nur eines zutreffen soll *(Übereinstimmung ...)* (Abb. oben rechts) und geben Sie an, was mit dem Mail passieren soll (im Bild wird es verschoben in den Ordner *Internetschule*). Sie können dann noch eine Bemerkung angeben – fertig. Ab jetzt übernimmt der Computer die Ordnung auf Ihrem (Mail-)Schreibtisch.

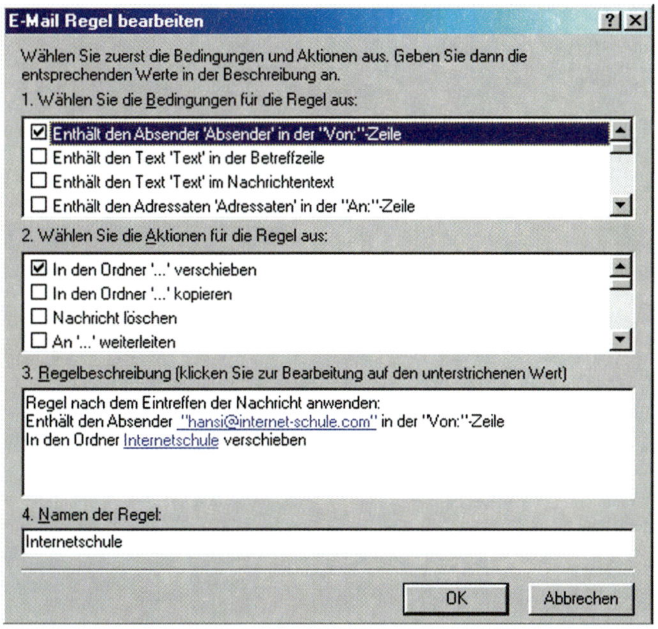

Tipp

Sollten Sie Regeln festgelegt haben, die keinen Sinn machen (z.B. das Verschieben einer Mail in einen Ordner, der gar nicht existiert), werden sie einfach missachtet: Es passiert – nichts!
Sollten Sie mehrere Regeln festgelegt haben, die sich zum Teil widersprechen, ist das kein Problem: Die Filterregeln werden eine nach der anderen abgearbeitet – die erste, die zutrifft, wird dann angewandt.

Beispiel: Sie haben folgende Regeln festgelegt: Mails vom Absender *Hans* werden automatisch in den Ordner *Hans* verschoben (1. Regel), Mails mit dem Betreff *Glück* in den Ordner *Glück* (2. Regel). Sie erhalten nun ein Mail von *Hans* mit dem Betreff *Glück*. Was geschieht?
Die neue Mail wird auf die erste Regel, dann die zweite usw. geprüft. Bei der ersten Regel stellt der Computer fest: Die trifft zu! Und verschiebt die Mail in den Ordner *Hans*. Die 2. Regel wird dann nicht mehr angewandt.

Sendeoptionen

Sie haben eine Vielzahl von Möglichkeiten, Ihren Mails einen persönlichen Anstrich zu geben. Hier sind einige wichtige zusammengestellt.

Empfangsbestätigung in Outlook Express

Sie würden gerne einen „Einschreibebrief“ per Internet veschicken? In Outlook erhalten Sie die Option dazu unter *Extras* → *Lesebestätigung anfordern*. Nun erhalten Sie eine Meldung, wenn Ihr E-Mail beim Adressaten angekommen ist. Aber beachten Sie bitte: Rechtlich hat diese Empfangsbestätigung nicht die gleiche Bedeutung wie ein Einschreibebrief: Der Adressat wird nämlich beim Erhalt Ihres Mails gefragt, ob die von Ihnen gewünschte Empfangsbestätigung verschickt werden soll oder nicht. Er kann dies, abhängig von den vom Empfänger gewählten Einstellungen, auch verneinen, womit die „Einschreibefunktion“ deutlich an Bedeutung verliert.

Empfangsbestätigung in Netscape Messenger

Um in Netscape Messenger ein „Einschreiben“ zu verschicken, müssen Sie die Sendeoptionen anwählen (Abb. rechts).

Hier können Sie wählen, ob Sie eine Empfangsbestätigung erhalten wollen. Aktivieren Sie diese Option (Abb. unten).

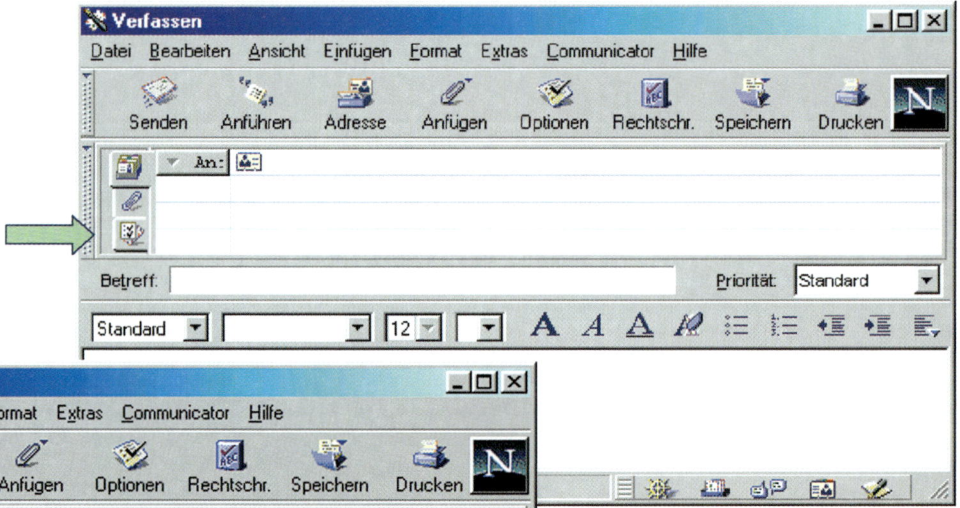

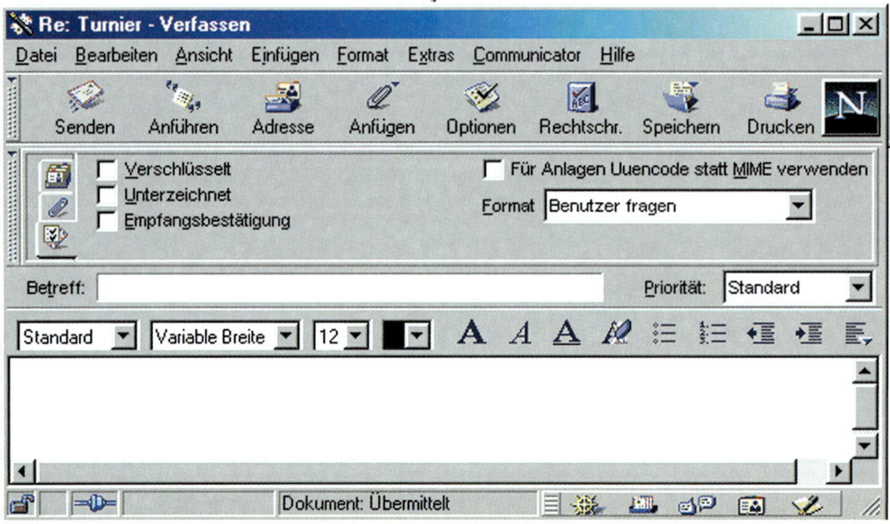

Tipp

Beachten Sie bitte: Durch diese Option wird der Empfänger Ihres E-Mails gefragt, ob Sie die Empfangsbestätigung erhalten sollen. Er kann dies natürlich auch ablehnen, und Sie erfahren also nichts vom Eingang Ihres Mails ...

Im Internet kann man auch virtuelle Grußkarten zu verschiedensten Anlässen verschicken – Urlaubskarten, Geburtsanzeigen, Gute-Besserungs-Wünsche, Neujahrsgrüße ...
Eine Auswahl findet sich z.B. unter www.grusskarten.de *oder* grusskarten.web.de.

Hintergrundbilder, Farben und Schriften

Sie haben in Ihrem E-Mail-Programm die Möglichkeit, Ihre elektronische Post individuell zu gestalten, indem Sie Hintergrundfarbe und Schriftgrößen variieren oder Grafiken einfügen.

Gestaltungsmöglichkeiten in Outlook Express

In Outlook haben Sie eine Vielzahl an individuellen Gestaltungsmöglichkeiten. Zu besonderen Anlässen (Weihnachten, Einladung, Geburtstag etc.) können Sie in der Menüleiste unter *Nachricht* → *Neu mit* ... auf formatierte Vorlagen zurückgreifen. Hier sind bereits Überschriftengrößen und Hintergrundbilder vorgegeben.

Daneben haben Sie unter *Einfügen* → *Datei* auch die Möglichkeit, Farbe, ein Hintergrundbild oder sogar eine Sounddatei einzufügen.

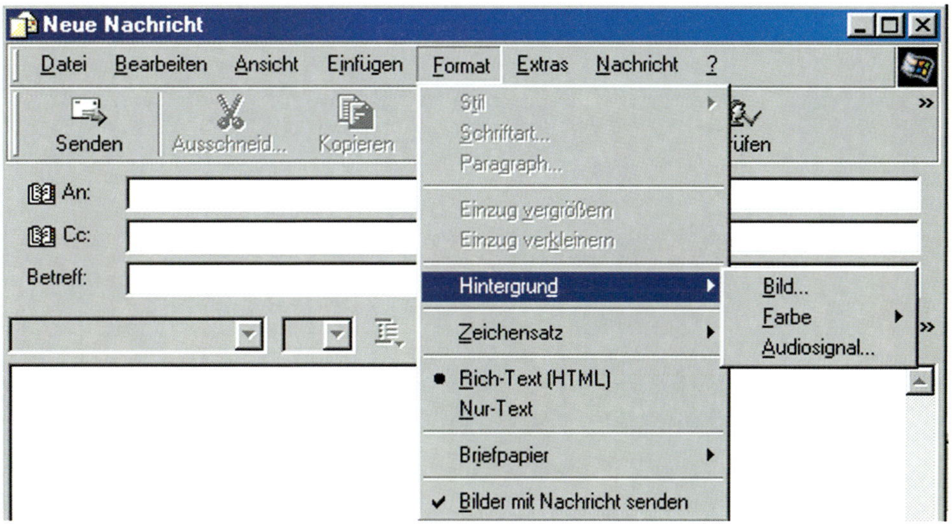

Gestaltungsmöglichkeiten in Netscape Messenger

Alle Optionen finden Sie unter *Format* in der Menüleiste. Schneller, wenn auch mit weniger Vielfalt, gehts mit der Symbolleiste direkt über dem Textfenster.

Weitere Sendeoptionen

Über diese Funktionen hinaus gibt es noch weitere Sendeoptionen. Sie können z.B. die Wichtigkeit Ihrer Nachricht festlegen oder sie verschlüsseln. Mögliche Einstellungen finden Sie in Outlook und Netscape auf der Symbolleiste unter *Optionen* bzw. unter *Ansicht* → *Optionen*. Probieren Sie es aus ...

Tipp
Eine Übersicht über deutschsprachige und internationale Newsgroups finden Sie im Internet z.B. unter http://groups/google.com oder bei Yahoo unter http://de.groups.yahoo.de (nur deutschsprachig).

Einrichten von Newsgroups

Öffentliche Nachrichten im Internet heißen News. In einer Newsgroup haben sich Leute zusammengeschlossen, die Interesse an einem bestimmten Thema haben und sich darüber austauschen möchten. Wenn Sie Nachrichten haben, die weltweit gelesen werden sollen, können Sie sie an die betreffende Newsgroup schicken, die diese Nachricht dann an alle Mitglieder der Newsgroup weiterleitet. Sie können Newsgroups aber auch „bestellen", d.h. Sie fordern den Inhalt an und erhalten E-Mails auf Ihrem PC daheim. Sie müssen dafür in der Regel nicht bezahlen.

Newsgroups in Outlook Express

Sie können sich einen *Newsserver* (Rechner, auf dem die Nachrichten liegen) einrichten, indem Sie auf *Extras* → *Konten* und weiter im erscheinenden Fenster auf *News* klicken. Wählen Sie *Hinzufügen* → *News* und der Assistent für den Internetzugang startet (obere Abb.). Zunächst werden Ihr Namen und Ihre E-Mail-Adresse abgefragt, unter dem Sie an der Newsgroup teilnehmen möchten. Dann geben Sie den Newsserver an (bei T-Online z.B. *news.t-online.de*) und klicken auf *Fertigstellen*. Im Posteingang sehen Sie dann den (neuen) Newsserver. Klicken Sie ihn an, und Sie erhalten eine Auswahl der möglichen Themengebiete.

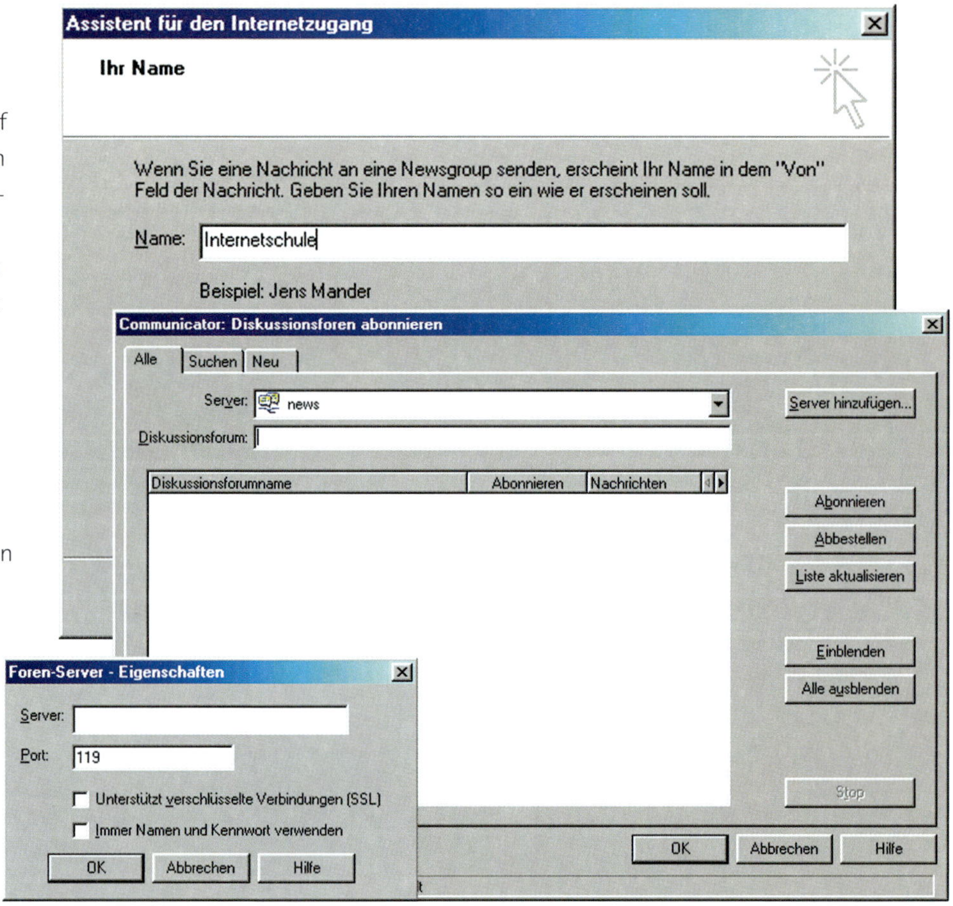

Newsgroups in Netscape Messenger

In Netscape richten Sie Ihren Newsserver unter *Bearbeiten* → *Einstellungen* → *Newsgroup-Server* ein (mittlere Abb.). Dort geben Sie z.B. *news.t-online.de* ein, als Port lassen Sie 119 eingestellt (untere Abb.). Markieren Sie den Newsserver und klicken Sie anschließend auf *Datei* → *Abonnieren* (mittlere Abb.). Sie erhalten eine Auswahl der angebotenen Newsgroups. Wählen Sie eine aus – fertig!

Sie können interessante Newsgroups auch suchen lassen. Wählen Sie hierfür die Option *Suchen* (mittlere Abb.), geben Sie im erscheinenden Fenster einen Suchbegriff ein und starten Sie. Sie werden überrascht sein, welche Vielfalt sich vor Ihnen auftut ... mitunter eine verwirrende Vielfalt! Z.B. gibt es unter adobe.* insgesamt 68 Newsgroups, die sich mit Themen rund um den Softwarehersteller Adobe auseinandersetzen. Durch Anklicken können Sie sich informieren, welche Inhalte sich dahinter verbergen. Da hilft nur eins: Suchen, suchen, suchen ...

Kurz und knackig – Smilies und E-Mail-Kürzel

Freude und Entsetzen, Ironie und Empörung lassen sich durch „Smilies" oder Emoticons (v. engl. *emotion*, Gefühl, und engl. *icon*, Symbol) symbolisieren: kleine Symbole aus Zeichenkombinationen, mit denen Internet-Teilnehmer ihre Gefühle zeigen. Weil bei Diskussionen online das Gesicht des Gesprächspartners nicht zu sehen ist, ersetzen Smilies oder Emoticons die Mimik. Außerdem beugen Sie auf diese Weise z.B. bei ironischen Formulierungen Missverständnissen vor. Daneben gibt es so genannte E-Mail-Kürzel, die vornehmlich aus dem Englischen stammen und zur Abkürzung von Redewendungen verwendet werden.

Smilies

:-)	freue mich
:-(	bin traurig
;-)	zwinkere mit einem Auge
:-<	bin erstaunt
:-))	heftiges Lachen
:-\\	bin unentschlossen
:-o	Überraschung, Schock
>:-)	teuflisches Grinsen
:-O	schreien
:-'|	bin erkältet
B-)	bin cool
:-Q	Raucher
:-P	strecke Zunge raus
(-:	Linkshänder
:~)	habe Schnupfen
{:-)	trage Scheitel
:-|	tangiert mich nicht
:-/	bin baff
:-x	sage nichts
:-D	lache
%-)	hab 'ne Mattscheibe
#-(	habe einen Kater

E-Mail-Kürzel

4	for (für)
AFAIK	as far as I know (soviel ich weiß)
AKA	also known as (alias bzw. Adresse/User/Site auch bekannt unter ...)
ASAP	as soon as possible (so schnell wie möglich)
BCNU	be seeing you (ich treffe Sie wieder)
BBL	be back later (ich komme später zurück)
BBR	be back right (ich komme sofort zurück)
BTW	by the way (übrigens)
CFD	call for discussion (Aufruf zur Diskussion) (bei Newsgroups)
CFO	call for opinion (Aufruf zu einer Meinungsumfrage) (bei Newsgroups)
CFV	call for vote (Aufruf zur Abstimmung) (bei Newsgroups)
CU	see you (zum Abschied)
DL	download (Herunterladen von Dateien)
FAQ	frequently asked questions (häufig gestellte Fragen)
FYI	for your information (zur Kenntnis)
gr8 2 CU	great to see you (schön Dich zu sehen)
IAC	in any case (in jedem Fall)
IMHO	in my humble opinion (meiner bescheidenen Meinung nach)
IMO	in my opinion (meiner Meinung nach)
LOL	laughing out loud (laut lachend)
MorF	male or female? (männlich oder weiblich?)
OLM	online message (Online-Nachricht)
ROTFL	rolling on the floor laughing (sich vor Lachen am Boden kugeln)
RTFM	read the fucking manual (lies endlich das Handbuch)
TNX	thanks (danke)
UL	upload (Heraufladen von Dateien)

Netiquette – Die Anstandsregeln im Netz

Was Knigge für die Etikette ist, ist im Internet die NetEtiquette oder auch Netiquette. Hier finden Sie Anstandsregeln für den Umgang miteinander im Internet. Im Folgenden bekommen Sie einen kurzen Überblick, was unter Netiquette zu verstehen ist. Die wichtigsten Grundlagen sind:

Zitieren Sie bei Antworten

Wenn Sie auf E-Mails bzw. Artikel antworten, wird der ursprüngliche Text mit einer Markierung eingeblendet. So können Sie z.B. Ihre Antwort direkt hinter der Frage des Absenders einfügen. Das erspart Zeit und erleichtert die Übersicht. Unwichtiges aus der ursprünglichen Nachricht sollten Sie löschen. Markieren Sie dazu die Nachricht, auf die Sie antworten möchten, und klicken Sie auf den Button *Antwort* (gilt für Outlook Express und Messenger).

Damit kann alles, was Sie an Newsgroups „posten", im Zweifelsfall gegen Sie verwendet werden. Blamieren Sie sich nicht „weltweit". Artikel an Newsgroups sind öffentlich!

Humor, Ironie und Sarkasmus: Ein ironischer Unterton ist aus einer Nachricht schwer herauszuhören. Wenn Sie dem Empfänger nicht bekannt sind, kann dieser Sie noch nicht einschätzen. Abhilfe können hier Smilies bzw. Emoticons bieten.

Finden Sie treffende Überschriften

Die Betreffzeile einer Nachricht sollte möglichst viel über den Inhalt verraten. Also nicht „Verkaufe" sondern „Verkaufe Pentium 133MHz + 15" Monitor". So kann z.B. ein Newsgroups-Leser, der nach einem Computer schaut, schon an der Überschrift erkennen, ob für ihn etwas dabei ist. Das spart letztlich Zeit und Telefonkosten.

Achten Sie auf den Ton

Bei einigen Artikeln in Newsgroups oder auch bei Inhalten von E-Mails hat man das Gefühl, hier sitzt jemand vor dem Rechner und lässt so richtig „Dampf" ab, vergreift sich im Ton, ist beleidigend und unverschämt. Vergreifen Sie sich nicht im Ton!

Faustregel für E-Mails: Formulieren Sie so, als ob Sie der angeschriebenen Person gegenüber säßen.

Faustregel für Artikel in Newsgroups: Formulieren Sie so, als ob Ihr Chef Ihnen über die Schulter schauen würde oder als ob der Artikel am schwarzen Brett veröffentlicht würde. Denken Sie daran, dass spezielle Suchmaschinen über Ihre E-Mail-Adresse alle Artikel finden können (siehe „Deja" unter http://www.deja.com).

Gilt auch für E-Mails: Vermeiden Sie verbale Entgleisungen!

Fassen Sie sich kurz

„Das Auge liest mit!" Aufgeblähte Mails bzw. Artikel zu lesen, kostet Zeit und strapaziert die Geduld des Lesers. Eine zu lange Nachricht kann abschreckend wirken. In Extremfall wird sie erst gar nicht gelesen und direkt in den *Trash*-Ordner befördert.

Übertreiben Sie auch nicht mit den so genannten Signaturen – das sind Unterschriften, die automatisch hinter den Nachrichtentext eingefügt werden. Sie sollten möglichst kurz sein. Solange es sich um Angaben wie E-Mail-Adresse, Adresse, Telefon- /Faxnummer, Adresse der Homepage handelt, wird sich keiner beschweren. Wenn die Signatur aber länger als die eigentliche Nachricht ist, macht dies keinen guten Eindruck.

Vermeiden Sie Umlaute

Deutsche Umlaute sollten Sie wie in Kreuzworträtseln schreiben („a" als „ae" oder „ß" als „ss"). Mitunter hat das Mailprogramm des Empfängers mit Umlauten Schwierigkeiten.

Achten Sie auf Stil und Rechtschreibung

Ihre E-Mail oder Newsgroup-Artikel scheinen auf Sie zurück. Der Empfänger einer Nachricht wird auch zwischen den Zeilen lesen, um sich ein Bild vom Absender zu machen. Achten Sie auf Rechtschreibung, Stil und klare Formulierungen. Vermeiden Sie verbale Entgleisungen. Nutzen Sie die Rechtschreibprüfung.

Beachten Sie die Zeilenlänge

Texte sollten eine Länge von 80 Zeichen pro Zeile nicht überschreiten. Nicht alle E-Mail-Programme brechen den Text automatisch um.

Bleiben Sie gesetzestreu

Achten Sie darauf, dass Sie mit Ihren Artikeln keine Gesetze brechen. Denken Sie auch an folgenden Effekt: Das, was im Land des Senders legal ist, kann im Land des Empfängers durchaus illegal sein.

Und sonst ...

Vertrauliche E-Mails sollten verschlüsselt werden. Ein E-Mail geht vom Sender zum Empfänger über zahlreiche Rechner. Es bestehen also genügend Möglichkeiten, dass die Informationen in falsche Hände gelangen.
Keine Pseudonyme benutzen: Derjenige, der in E-Mails oder Artikeln seine wahre Identität hinter einem Pseudonym verbirgt, muss wohl selber etwas zu verbergen haben.

Auf den Punkt gebracht

- Beide Browser bieten ein eigenes Unterprogramm, mit dem Sie E-Mails senden und empfangen können.
- Nutzen Sie die Optionen Ihres E-Mail-Programms – Sie können sich dadurch Tipp-Arbeit sparen (Filter, Adressbücher, Verteiler etc.).
- Wahren Sie die Netiquette!

SUCHEN UND AUCH FINDEN!

Grundlagen der Internetrecherche

Etwas ohne Hilfe im Internet zu finden ist bei dem Informationsumfang nahezu unmöglich. Daher gibt es Suchhilfen wie Suchmaschinen oder Verzeichnisse (Web-Index), die Sie dabei unterstützen. Zu diesen Suchhilfen gibt es umfangreiche Bücher – 300 Seiten und mehr sind keine Seltenheit –, in denen alle Eventualitäten detailliert aufgeführt sind. Dieses Handbuch beschränkt sich im Folgenden auf das, was Sie unbedingt wissen sollten. Benötigen Sie umfangreichere Kenntnisse über die Internetrecherche benutzen Sie die Online-Hilfen der Suchmaschinen oder schauen Sie nach unter:

- www.suchfibel.de
- www.ubka.uni-karlsruhe.de/suchmaschinen/
- www.suchmaschinen.de

Kriterien für Suchhilfen

- **Umfang** der gespeicherten Internetadressen und **Vollständigkeit** der Ergebnisse
- **Aktualität:** Häufig sind Angebote gelöscht worden oder auf einen anderen Server „umgezogen“. Eine gute Suchhilfe ist auf dem neuesten Stand!
- **Geschwindigkeit**: Zeit von der Suchanfrage bis zur Rückmeldung der Suchergebnisse
- **Funktionsumfang**: Suchfunktionen, Suchoperatoren, Suchfilter
- **Qualität** der Suchergebnisse
- **Aufbau** der Verzeichnisstruktur, um möglichst intuitiv das Gewünschte zu finden.

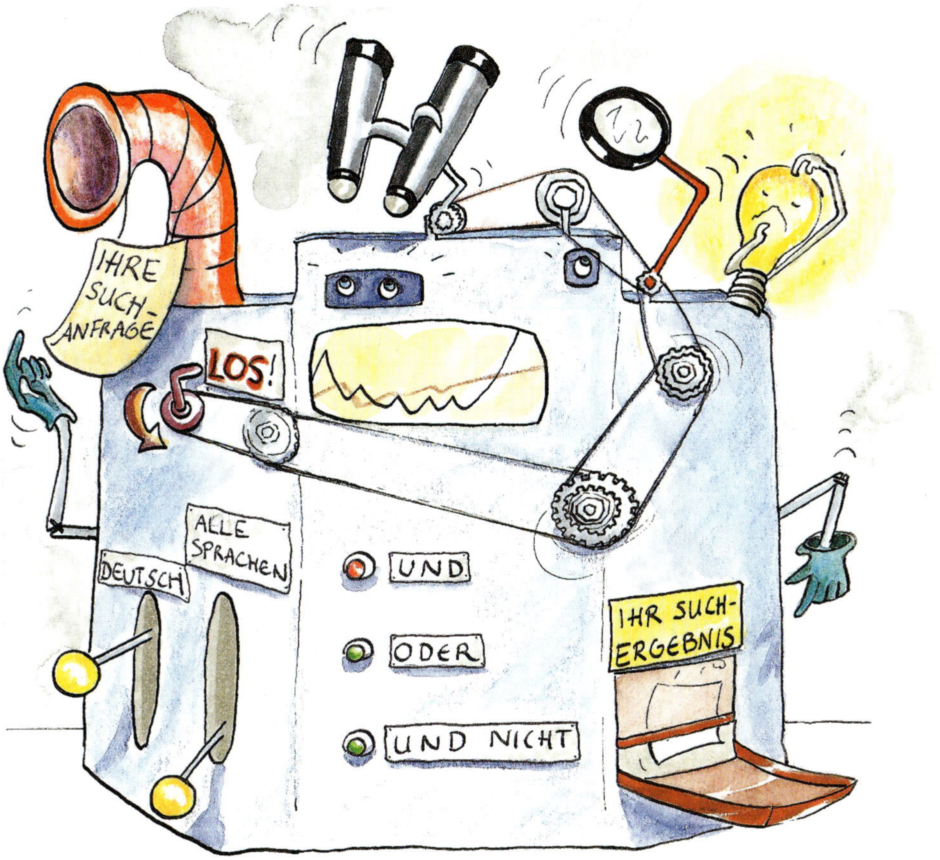

Verschiedene Suchhilfen

Man unterscheidet bei den Suchhilfen Verzeichnisse (auch Kataloge genannt), Suchmaschinen und Metasuchmaschinen:

Verzeichnisse, Kataloge

Hier sorgt eine Redaktion dafür, dass Web-Inhalte klassifiziert und in eine Verzeichnisstruktur einsortiert werden. Am Ende der Suche landet man in der Regel auf einer Auswahl von Links zum gewünschten Thema. Ein Beispiel ist das Verzeichnis **www.berlin.de**. Hier finden Sie Links zum Wohnungsmarkt, zur Wirtschaft, Veranstaltungstipps oder Zahlen und Fakten rund um das Thema Berlin. Bei gut gemachten Verzeichnissen findet man mitunter dasselbe Ergebnis über unterschiedliche Suchwege: z.B. Finden einer Firma über ihre Produkte oder regional über die Stadt, in der sie ansässig ist. Solche Dienste sind relativ aufwändig, was Vollständigkeit, Aktualität und Qualität angeht.

Suchmaschinen ...

... kommen im Gegensatz zu Verzeichnissen mit weniger Personal aus. Hier wird das Geld in leistungsfähige Rechner und Datenbanksysteme investiert. So genannte „Spider" oder „Crawler" durchforsten automatisch das Netz nach neuen oder geänderten Inhalten und speichern das Ergebnis in riesigen Datenbanken, die dem Anwender zur Abfrage zur Verfügung stehen. Der Anwender kann in der Regel mehrere Suchbegriffe vorgeben, ebenso deren Verknüpfung. Suchmaschinen können unterteilt werden in deutsche Suchmaschinen und internationale **Search Engines**. Daneben existieren noch Verzeichnisse, die eine geographische Suche ermöglichen.

Beachten Sie, ob Sie eine deutsche Suchmaschine oder eine amerikanische nutzen wollen. Deutsche Suchmaschinen haben den Vorteil, dass sie öfters aktualisiert werden und daher für unsere Bedürfnisse bessere Suchergebnisse präsentieren.

Metasuchmaschinen ...

... sind eigentlich Schmarotzer: Die Suchanfrage wird einfach an mehrere Suchmaschinen übergeben. Deren zurückgemeldete Ergebnisse werden in der Regel von Mehrfachnennungen befreit und können nach verschiedenen Gesichtspunkten sortiert dargestellt werden. Für den Anwender bringt dies Zeitvorteile, da er nicht nacheinander eine Suchmaschine nach der anderen abklappern und auswerten muss.

Das Angebot ist auf den ersten Blick fast schon unüberschaubar. Testen Sie einfach verschiedene Angebote für gerade aktuelle Suchaufgaben. Relativ schnell werden sich Ihre persönlichen Favoriten herauskristallisieren.

Suchmaschinen – Eine Auswahl

Logo	Adresse	Bemerkung
	http://www.altavista.de	**Altavista** – die bekannte amerikanische Suchmaschine. Jetzt auch in einer deutschen Version.
	http://www.excite.de	**Excite** bietet ebenfalls eine deutsche Version der bekannten Suchmaschine. Außerdem wird ein Katalog mit Links zu unterschiedlichen Themen geboten.
	http://www.fireball.de	**Fireball** – eine leistungsstarke Suchmaschine für deutschsprachige Seiten im Internet. Fireball-Index verwaltet über zwei Millionen deutschsprachiger WWW-Dokumente.
	http://www.paperball.de	**Paperball** ist eine spezielle Nachrichten-Suchmaschine von Fireball.
	http://www.netguide.de	**Netguide** – die Netguide-Redaktion wählt Angebote mit echtem Nutzwert für Sie aus.
	http://www.lycos.de	**Lycos** – eine klassische Suchmaschine, auch in der deutschen Version mit speziellen Angeboten für den deutschsprachigen Raum. Außerdem bietet Lycos eine gezielte Suche nach Bildern und Sounds.
	http://www.web.de	**Web.de** ist nach eigenen Angaben Deutschlands größter Web-Index, sortiert nach Kategorien. Über eine integrierte Suchmaschine lassen sich erfasste Seiten finden. Täglich gibt es in der Rubrik *Cool Spots* neue Surf-Tipps und eine Liste mit allen neu ans Netz gegangenen Internetangeboten.
	http://www.yahoo.de	**Yahoo! Deutschland** ist die deutschsprachige Ausgabe von Yahoo!, des wohl populärsten Web-Index des World Wide Web. Es ist ein redaktionell zusammengestellter Index aller Webseiten des deutschen Sprachraums, keine Suchmaschine. Webseiten lassen sich zunächst in thematischen Kategorien finden, daneben führt ein Link in die entsprechende Kategorie im internationalen Verzeichnis (.com). Zusätzlich gibt es eine Suchfunktion innerhalb des Yahoo!-Deutschland-Bestandes.
	http://meta.rrzn.uni-hannover.de/	**MetaGer**, die Meta-Suchmaschine über deutschsprachige Suchmaschinen des Rechenzentrums für Niedersachsen (RRZN). Sie durchsucht parallel die Suchdienste Dino-Online, web.de, yahoo.de, Flipper, crawler.de, Hotlist, Netguide, Eule und de.*-Newsgruppen.
	http://www.google.de	**Google** – zurzeit eine der beliebtesten Suchmaschinen in Deutschland. Bietet zusätzlich eine gezielte Suche nach Bildern und Newsgroups.

Dies ist nur eine kleine Auswahl an Suchmaschinen. Weitere Suchmaschinen finden Sie unter:

Abacho	http://www.abacho.de
Alles klar	http://www.allesklar.de/
Dino	http://www.dino-online.de
Kolibri	http://www.kolibri.de/
Nathan	http://www.nathan.de
Sharelook	http://www.sharelook.de
Infoseek	http://www.infoseek.de
Netguide	http://www.netguide.de
Branchenbuch	http://www.branchenbuch.de
Gelbe Seiten	http://www.gelbe-seiten.de

Tipp
Die meisten Suchmaschinen haben eine einfache und eine erweiterte Suchfunktion. Ein wesentlicher Unterschied zwischen beiden Suchfunktionen besteht darin, dass bei der einfachen Suche die Operatoren (s.u.) direkt eingegeben werden können, während das bei der erweiterten Suche mittels einzelner Eingabefelder geschieht. Sie werden bald feststellen, dass es schneller geht, die wichtigsten Operatoren (UND, ODER, NICHT) direkt in der einfachen Suche einzugeben, als auf das Laden der neuen Seite für die erweiterte Suche zu warten.

Such-Algorithmen

Wie sag ich es meiner Suchmaschine?

Algorithmen – ein schwieriges Wort. Was verbirgt sich dahinter? Als Algorithmus wird die Anleitung für ein Rechenverfahren mittels Operatoren bezeichnet. Für die Internetrecherche bedeutet das, dass Sie Ihre Suche einschränken und durch Operatoren genauer fassen können. Die wichtigsten Operatoren sind:

UND-Verknüpfung

Bei der Eingabe zweier Begriffe, die mit UND (AND) verknüpft sind, muss jeder der eingegebenen Begriffe gefunden werden.
Beispiel: graf UND tennis findet Seiten, in denen **sowohl** Graf **als auch** Tennis vorkommen, in der Kombination also Seiten zu Steffi Graf, Tennisturnieren, an denen sie teilnahm, etc.

ODER-Verknüpfung

Werden die beiden Suchbegriffe mit ODER (OR) verknüpft, muss einer der eingegebenen Begriffe gefunden werden.
Beispiel: graf ODER tennis findet Seiten, in denen entweder Graf oder Tennis oder beide Begriffe gemeinsam vorkommen, also Seiten zu den Themen Fürsten, Herrschaftshäuser etc., Seiten zu Tennisturnieren und natürlich auch Seiten zu Tennisturnieren, an denen Steffi Graf teilnahm.

Vielleicht kommt der Täter ja auch aus dem englisch- oder französischsprachigen Raum? Wenn Sie eine Fremdsprache beherrschen, lohnt es sich, den Suchbegriff auch in dieser Sprache anzugeben. So können Sie die Suchmenge – speziell bei selteneren Begriffen – erweitern. Wählen Sie dafür die ODER-Verknüpfung.

NICHT-Verknüpfung

Um bestimmte Begriffe bei einer Suche auszuschließen, können Sie den Operator NICHT (NOT) verwenden.
Beispiel: graf NICHT tennis findet Seiten über Fürsten, Herrschaftshäuser etc., aber schließt aber alle Seiten über Steffi Grafs Tenniskarriere aus.

Je nachdem, welche Suchmaschine Sie nutzen, können Sie auch unterschiedliche Schreibweisen oder Kurzschreibweisen für die Operatoren angeben:

Operator	Engl. Schreibweise	Kurzform
UND	AND	&, +, Leerzeichen
ODER	OR	I (senkrechter Strich)
NICHT	NOT	- (Minus-Zeichen)

Weitere Operatoren

Neben diesen Operatoren gibt es weitere, die eine zusätzliche Eingrenzung der Suche ermöglichen (am Beispiel der Suchmaschinen AltaVista, Lycos, Fireball):

Operator	Erläuterung
NEAR oder ~	Sucht Seiten, in denen der eine Begriff maximal zehn Wörter (25 bei Lycos) vom anderen entfernt steht; Bsp: oskar NEAR fischer bzw. oskar ~ fischer würde sowohl „Oskar Fischer", „Fischer, Oskar" als auch „Oskar Ernst-August Fischer" finden.
FAR (Lycos)	Sucht Seiten, in denen der eine Begriff mehr als 25 Wörter vom anderen entfernt steht; Bsp: internet FAR provider würde „internet provider" unterdrücken, wenn man z.B. nach Telefonprovidern sucht.
ADJ (Lycos)	Abk. v. engl. *adjacent*, unmittelbar benachbart; sucht Wörter, die direkt nebeneinander stehen, wobei aber die Reihenfolge egal ist; Bsp: car ADJ race würde sowohl „car race" als auch „race car" finden.
BEFORE	Für die Suchbegriffe wird eine Reihenfolge vorgegeben, der Abstand der Suchbegriffe voneinander ist dabei beliebig; Bsp: Opel BEFORE Omega würde einen Produktnamen genauer finden als Opel AND Omega.
„ … "	Textpassagen geben Sie mit Anführungszeichen ein; Bsp: „Jacke wie Hose".
*****	Der gesuchte Begriff soll mit der vorgegebenen Zeichenfolge beginnen; Bsp: invest* findet Wörter wie Investition, Investment, Investor, investieren etc.
Title	Suche nach dem Titel einer Seite; Bsp: title: „See the DAX".
anchor	Suche nach Ankern (Sprungzielen) innerhalb einer Webseite; Bsp: anchor: Start.
text	Suche im sichtbaren Text einer Webseite; Bsp: text:Politikverdrossenheit.
applet	Suche in Applets; Bsp: applet:NervousText.
object	Suche in ActiveX-Objekten; Bsp: object:Marquee.
link	Suche von Hyperlinks, z.B. zur Überprüfung, ob von anderen Webseiten auf die eigene Homepage verwiesen wird; Bsp: link:internet-schule.com.
image	Suche von Grafikdateien; Bsp: image:rollsroyce*.
url	Suche in der Adresse bzw. dem Pfad oder Namen des Dokuments; Bsp: url:kurs/glossar.html.
host	Sucht im Rechnernamen bzw. Subdomänen; Bsp: host:siemens.com.
domain	Sucht in der vorgegebenen Domäne, Bsp: „fr" für Frankreich; domain:fr.
Site (Fireball)	Sucht nur auf dem vorgegebenen Rechner, Bsp: „www.internet-schule.com".

Regel Nummer 1 für erfolgreiches Suchen: Nicht einfach drauflos, sondern nachdenken, nachdenken, nachdenken!

Der richtige Suchbegriff

Sie wissen nun, wo Sie suchen können und welche Hilfsmittel Ihnen zur Bedienung einer Suchmaschine zur Verfügung stehen. Als nächstes ist es wichtig zu wissen, wie Sie möglichst schnell an Ihr (Such-)Ziel gelangen. Die folgenden sieben Tipps garantieren eine effiziente Suche:

1. Die richtige Suchstrategie: Nachdenken, nachdenken, nachdenken!

Bevor Sie Ihre Suche starten, sollten Sie zunächst einmal überlegen, was Sie eigentlich suchen. Die Eingabe von „Auto" wird Ihnen bei der Suche nach einem Nachschlagewerk zu Gebrauchtwagenpreisen wenig helfen: Sie erhalten – je nach Suchmaschine – 10 Millionen und mehr Fundstellen ... Überlegen Sie sich also vorher, was Sie eigentlich suchen. Fällt Ihnen keine präzise Beschreibung dessen ein, was Sie suchen, sondern nur ein Oberbegriff, blättern Sie doch erst mal in einem Verzeichnis oder Katalog, den inzwischen die meisten großen Suchmaschinen anbieten.

2. Welche Suchmaschine?

Jede Suchmaschine hat ihre Vor- und Nachteile. Welche die richtige für Sie ist, müssen Sie selbst entscheiden. Einige Dinge können Sie jedoch bei der Auswahl der richtigen Suchmaschine beachten:

- Wählen Sie deutsche Suchmaschinen, wenn Sie regionale Informationen benötigen.
- Suchmaschinen werden immer wieder mal getestet. Gute Testergebnisse erhielten u.a. www.yahoo.de (Umfang), www.altavista.de (Relevanz), www.metager.de (Trefferqualität) und www.google.de (Übersichtlichkeit)
- verwenden Sie Meta-Suchmaschinen (wie MetaGer), die ihrerseits Suchmaschinen „abgrasen"

3. Präzision und Sorgfalt

Benutzen Sie präzise Begriffe und Synonyme, achten Sie auf eine korrekte Schreibweise.
Je unverwechselbarer ein Begriff, desto höher ist die Wahrscheinlichkeit, dass Sie mit der Fundstelle etwas anfangen können. Geben Sie z.B. nicht „Raum" an, wenn Sie etwas über den „Weltraum" wissen wollen. Verwenden Sie auch Synonyme wie z.B. „PC" für „Rechner". Achten Sie auf die korrekte Schreibweise und berücksichtigen Sie, dass Suchmaschinen den Genitiv nicht kennen, also grammatikalische Endungen nur unzureichend unterscheiden.

4. Verfeinern Sie Ihre Suche

Ist das erste Suchergebnis zu umfangreich, starten Sie einen zweiten Anlauf. Prüfen Sie die ersten Ergebnisse auf ihre Relevanz und nutzen Sie dies, um Ihre Suche einzugrenzen. Denken Sie an „Graf NICHT Tennis", wenn Sie Fürstenhäuser suchen.

5. Nutzen Sie die Operatoren

Reduzieren Sie die Treffermenge mit den oben vorgestellten Operatoren, um Ihre Suche möglichst genau zu formulieren.

6. Deutsch oder Englisch?

Die meisten Dokumente im Internet sind englisch (ca. 75 %). Wenn Sie einen deutschsprachigen Begriff suchen, verwenden Sie eine deutsche Suchmaschine (Endung „.de"), ansonsten weichen Sie auf die internationale Variante Ihrer Lieblingssuchmaschine aus (Endung häufig „.com").

7. Das richtige Öffnen der Fundstelle

Sie glauben, Sie hätten endlich gefunden, was Sie suchen, klicken die Fundstelle an – aber es kommt nichts. Jetzt wollen Sie zurück zu den Suchergebnissen – und das dauert ... Dieses Warten ist lästig und lässt sich leicht vermeiden: Öffnen Sie die Fundstelle in einem neuen Fenster (Link mit rechter Maustaste anklicken: → *Neues Fenster* wählen). So können Sie auch mehrere Fundstellen gleichzeitig laden: Sie lesen den Inhalt der ersten Fundstelle durch, während der Rechner schon die zweite lädt.

Das Ergebnis der Suche

Die Nadel im Heuhaufen

Eine Suche im WWW zu organisieren, ist nicht einfach. Der Grund hierfür liegt in der Vielfalt des Internets: Das World Wide Web umfasst mehrere 100 Millionen Seiten. Schätzungen für 1997 gingen von 400 Millionen Seiten aus. Seitdem ist der Bestand weiter angewachsen und die Verfasser der Studie wagten für 1998 bereits keine Schätzung mehr. Heute weiss man, dass man es nicht weiß: Die Anzahl der Internetseiten weltweit liegt deutlich über 1 Milliarde, aber wie viele es genau sind, traut sich keiner mehr zu schätzen.

Danach sind auch Internetrecherchen und Suchmaschinen zu beurteilen. Suchmaschinen können nur einen Teil des Internetangebots abdecken (indizieren). Als Ergebnis einer Suche erhalten Sie also immer einen Überblick über den Ausschnitt des Heuhaufens, den die von Ihnen verwendete Suchmaschine indiziert. Abhängig von der Suchmaschine erhalten Sie daher nur Ergebnisse zu 40% (AltaVista) und weniger aller Internetangebote.

Suchen Sie also etwas Bestimmtes, gleicht es der Suche nach der berühmten Nadel im Heuhaufen. Aber wie heißt es unter Internetexperten: „Wenn Sie eine einzige Nadel im Heuhaufen suchen, müssen Sie den ganzen Heuhaufen durchsuchen. Wenn aber mehrere Nadeln im Heuhaufen versteckt sind, genügt es, eine gute Untermenge des Heuhaufens zu durchsuchen."

Auf den Punkt gebracht

- Suchmaschinen sind unersetzlich im Internet. Lernen Sie, mit ihnen umzugehen.
- Überlegen Sie sich, was Sie suchen - der richtige Suchbegriff sollte so genau wie möglich sein.
- Bedenken Sie bei Ihrer Suche, was Suchmaschinen für Sie finden können – und was nicht.

Spezielle Suchdienste

Neben den bereits vorgestellten „Wald-und-Wiesen-Suchmaschinen" gibt es einige Suchdienste, die sich auf bestimmte Themen spezialisiert haben:

E-Mail-Adressen

Sie suchen die E-Mail-Adresse eines Freundes? Gar nicht so einfach! Es gibt nämlich keine weltweite Liste aller E-Mail-Adressen. Dies ist v.a. auf die große Zahl der Adressen zurückzuführen. Die einzige wirklich sichere Methode, die E-Mail-Adresse eines Freundes zu erfahren, ist daher der direkte Kontakt; alle anderen Möglichkeiten sind Notlösungen.
Eine relative gute Möglichkeit bietet **MESA** (MetaEmailSearchAgent, http://mesa.rrzn.uni-hannover.de). Dieser E-Mail-Suchdienst von MetaGer sucht mehrere E-Mail-Verzeichnisse verschiedener Suchmaschinen ab.

Software, Shareware und Freeware

Am einfachsten kommen Sie über Softwarekataloge zu Ihrem Ziel. Einen großen Katalog (mehr als 250.000 Dateien) erhalten Sie unter www.shareware.com . Kennen Sie den Programmnamen, kommen Sie mit der *Normal Search* weiter; ist Ihnen nur der Programmzweck bekannt, hilft die *Power Search*.
Einen thematisch geordneten Katalog finden Sie außerdem unter www.download.com .

Suchen in Newsgroups

Wenn Sie bevorzugt Deutschsprachiges suchen, ist der Suchdienst von MetaGer eine sinnvolle Einstiegsadresse (http://news-de.rrzn.uni-hannover.de). Dort werden aber nur die auf dem Server liegenden News der letzten Zeit (Tage bis Wochen) durchsucht.

Mailinglisten

Suchen Sie eine Mailingliste, können Sie auf mehrere Verzeichnisse zurückgreifen. Der größte Suchdienst mit ca. 80.000 Listen ist Liszt (www.liszt.com). Deutschsprachige Listen finden Sie unter www.mailinglisten.de oder unter www.tripple.net/contator/newsticker .

Fachspezifische Suchdienste

Daneben gibt es eine Reihe weiterer Suchmaschinen, die sich bestimmten Themen widmen. In der folgenden Tabelle sind einige dieser themenorientierten Suchmaschinen aufgeführt:

Themengebiet	Adresse	Bemerkung
Deutsches Recht	www.recht.de	Gesetzestexte, Gerichtsurteile
	www.fahnder.de	Infos zum deutschen Recht vom *Verlag Recht und Praxis.*
Zeitungen	www.paperball.de	Durchsucht deutschsprachige Tageszeitungen.
	www.paperboy.de	Durchsucht internationale Tageszeitungen; Sie können dem System Ihr Interessensgebiet verraten und werden dann bei Erscheinen eines Artikels per E-Mail informiert.
Diverses	www.leo.org	Umfangreicher Suchdienst zu Software, News- und Mailinglisten etc; enthält auch ein Englisch-Deutsch-Wörterbuch.
Web-Publishing	www.devsearch.com	Spezieller Suchdienst für Webdesigner.

Ein Wort zum Schluss ...

Das Internet verändert unsere Gesellschaft

„Aus der Woge der Popularität ist eine Flutwelle geworden. Wer nicht bereit ist, auf ihr schwimmen zu lernen, wird in ihr ertrinken", warnte Bill Gates, der Gründer von Microsoft, bereits 1995. Er hatte Recht: In nur wenigen Jahren ist das Internet zu einem alltäglichen Medium wie Fernseher und Telefon geworden.

Diese Erkenntnis hat sich mittlerweile auch in der Politik durchgesetzt: „Der geübte Umgang mit den neuen Medien wird zu einer elementaren Kulturtechnik wie Lesen, Schreiben und Rechnen. Das ist eine Grundvoraussetzung für eine erfolgreiche Lebensgestaltung", so Ex-Bundespräsident Roman Herzog zur Eröffnung der Computermesse Cebit im März 1999. Das war 1999! Heute sind wir einen Schritt weiter auf dem Weg zur weltweiten Verknüpfung durch das Internet.

Nehmen Sie daran teil und nutzen Sie das neue Medium. Für Information und Bildung – und (warum nicht?) für Ihren Spaß ... ;-)

KLEINES LEXIKON DER INTERNET-FACHBEGRIFFE

Begriff	Erläuterung
ActiveX	Programmiersprache im Internet, Konkurrenzprodukt zu Java. ActiveX wird verwendet, um z.B. Video, Audio oder Animationen wie eine laufende Uhr in eine Internetseite zu integrieren. ActiveX benötigt ein Microsoft-Betriebssystem, es wurde von Microsoft entwickelt und ist nicht auf allen Betriebssystemen lauffähig.
Adresse	a) E-Mail-Adresse, mit der Sie elektronische Post empfangen können b) Name einer Website
Applet	Ein in Java oder ActiveX geschriebenes kleines Programm, das auf dem Rechner kleine Programme wie z.B. einen Taschenrechner oder eine Uhr lädt.
ARPA	Abk. f. engl. *Advanced Research Projects Agency*: Kurzbezeichnung für ARPANet, Vorgänger des Internets
Attachment	An ein E-Mail angehängte Datei (wie z.B. ein Text, ein Foto oder ein Musikstück), die mitversendet wird.
Betriebssystem	Auch *Operating System* (OS): Software, die jeder Rechner benötigt, um mit dem Anwender Kontakt aufnehmen zu können; notwendig für die Ansteuerung von Tastatur, Monitor etc.
Bookmark	Engl. f. *Lesezeichen*; Methode, die Adresse von Webseiten zu speichern. Im Internet Explorer *Favoriten* genannt. Jeder Browser bietet die Möglichkeit, sich auf diese Weise Internetadressen zu „merken".
Browser	Software, um im Internet zu surfen.
Button	Engl. f. *Knopf, Schalter*; Schaltfläche von Programmen, bei denen bestimmte Funktionen ausgeführt werden.
Chat	Engl. f. *Plaudern*; Bezeichnung für zeitechte Kommunikation im Internet.
Chatroom	Wörtl. *Plauderecke*: Internetseite, die es ermöglicht zu chatten.
Client/Server	Engl. f. *Kunde/Diener*; Bezeichnung für ein Prinzip, das die Datenabfrage im Internet regelt; der Client stellt eine Anfrage an den Server, der diese bearbeitet und dann die Antwort zurückschickt.
Cookie	Bezeichnung für verschlüsselte Dateien, die ein Internetserver auf einem Computer anlegt. Dies geschieht bei Nutzung des Internets mit Hilfe des Browsers. Der Server kann mittels der Cookies ein Nutzungsprofil des Users und damit gezielte Informationen für ihn erstellen. Ein weiterer Vorteil ist die Abkürzung von Registrierungsvorgängen durch in Cookies gespeicherte Passwörter. Die Zugriffszeiten auf das Internet verkürzen sich dadurch erheblich.
Datennetz	Oberbegriff für miteinander vernetzte Computer, die Daten austauschen können.
Default	Engl. f. *standardmäßig voreingestellt*; „Default-Settings", „Default-Werte" oder „Default-Einstellungen" sind voreingestellte Werte. Dabei kann es sich um Einstellwerte von Computerprogrammen (z.B. Menüleisten, Dateiablage, Formatvorlagen, Farbeinstellungen von TV-Karten), PC-Karten (z.B. Schalter- bzw. „Jumper"-Stellungen) oder Startwerte und Eingabefelder auf Internetseiten handeln.
Download	Bei einem Download werden Dateien von einem Server abgerufen und auf den eigenen Computer übertragen („heruntergeladen"). Diesen Vorgang in der umgekehrten Richtung nennt man Upload.
Electronic mail (E-Mail)	Engl. f. *elektronische Post*.
E-Mail-Adresse	Adresse, an die eine E-Mail geschickt wird.
Favorit	S. *Bookmark*.

File Transfer Protocol (FTP)	Dienst im Internet, der den Austausch von Daten ermöglicht.
Firewall	Engl. f. *Brandmauer*; Hard- und Softwaresystem, das ein an das Internet angeschlossenes Netzwerk vor unerwünschten Zugriffen schützen soll.
Frame	Engl. f. *Rahmen*; Aufteilung der Darstellungsfläche eines Browsers in mehrere voneinander abhängige Fenster. So lässt sich z.B. in einem kleinen Frame ein Inhaltsverzeichnis darstellen und in einem größeren Frame der gewählte Inhalt. Die Orientierung beim Surfen kann so verbessert werden.
Gateway	Zentralrechner oder auch Knotenpunkt im Internet, über den viele Informationen weitergeleitet werden und auch abgelegt sind.
Hardware	Engl. f. *harte Ware*, Bezeichnung für einen Rechner und dessen Komponenten, wie Monitor Tastatur, Maus etc. Ggs. *Software*.
Homepage	Einstiegsseite in eine Website/Internetangebot.
HTML	Abk. f. engl. *HyperText Markup Language*: einfache Programmiersprache im Internet, die es erlaubt, Formatierungen wie Textgröße, Schriftart oder Hintergrundfarbe in einer Internetseite festzulegen. HTML wird auch benötigt, um Links in eine Internetseite einzubinden.
HTTP	Abk. f. engl. *Hypertext Transfer Protocol* (Hypertext-Übertragungsprotokoll). HTTP ist ein Standard zur Übermittlung von HTML-Seiten im Internet.
Hyperlinks	Verweis im Internet auf eine Textstelle, ein Dokument, Grafiken etc. (s. auch *Link*)
Hypertext	Verweisverfahren; Text mit Hyperlinks.
Icon	Piktogramm in grafischen Benutzeroberflächen. Es stellt Objekte (z. B. Funktionen, Dateien, Programme, Hardware-Teile) des Computers bildlich dar und dient der intuitiven Bedienung.
Internet	Weltweite Verbindung von Netzwerken und Rechnern.
Internet Service Provider (ISP)	Anbieter eines Internetzugangs.
Internet-Telefonie	Telefonieren über das Internet.
ISDN	Abk. f. engl. *Integrated Services Digital Network.*
Java	Rechnerunabhängige Programmiersprache, die z.B. zur Gestaltung von Hypertext-Dokumenten verwendet wird. Java wird häufig verwendet, um Grafiken oder Buttons zu animieren. Konkurrenzprodukt ist ActiveX von Microsoft. Im Gegensatz zu ActiveX ist Java aber auf allen Betriebssystemen lauffähig.
LAN	Abk. f. engl. *Local Area Network.* LAN ist ein kleines Netzwerk von Computern, z.B. in einem Büro. Innerhalb eines LAN können verschiedene Rechner z. B. auf einen Drucker zugreifen und dort drucken. In Firmen werden LANs auch zur Abstimmung von Terminen, Besprechungen etc. verwendet: Alle Termine liegen auf einem Rechner, auf den alle PCs im Netzwerk zugreifen können.
Lesezeichen	S. *Bookmark.*
Link	Kurzform von *Hyperlink*: Verknüpfung. Durch Klicken auf einen Link gelangt man zu anderen Internetseiten. Über einem Link ändert sich der Mauszeiger in ein Handsymbol. Durch Links wird „Surfen“ im Internet erst ermöglicht, denn Sie ersparen sich das Eintippen der Internetadressen.

Makro Makros enthalten Folgen von Befehlen und Funktionen, um immer wiederkehrende Routinearbeiten zu automatisieren. So lassen sich Programme wie Word oder Excel per Makros steuern. Nach dem Laden des Dokumentes (z.B. einer *.DOC Datei) kann die Anwendung (z.B. Word) das Makro starten, was auch dazu benutzt werden kann, einen ahnungslosen Surfer zu schädigen (z.B. *I-Love-You*-Virus).

Modem Kurzform von *Modulator/Demodulator*; wandelt digitale in analoge Signale (und umgekehrt) um, die dann über das Telefonnetz übertragen werden.

News Virtuelles Schwarzes Brett, an dem man Nachrichten oder Diskussionsbeiträge für Newsgroups anbringen kann.

Newsgroup Engl. f. *Nachrichtenforum*: Themenbezogenes Online-Diskussionsforum.

Offline Es besteht keine Datenverbindung, etwa zum Internet. Ggs. *online*.

Online Aktive Verbindung zwischen zwei Rechnern beim Surfen im Internet.

Onlinedienst Provider, der eine Palette von Dienstleistungen bietet.

PC Abk. f. engl. *Personal Computer*, Rechner.

Plug-In Erweiterung schon vorhandener Software zur individuellen Anpassung an die Anforderungen des Users. Plug-Ins können z. B. die Funktionen eines vorhandenen Browsers erweitern, so dass Videos oder Java-Applikationen abspielbar werden. Vorteile von Plug-Ins sind, dass der Entwickler nicht komplett neue Software-Pakete entwickeln muss, sondern bei Bedarf neue Plug-Ins als Ergänzung anbieten kann. Diese lassen sich dann ohne großen Aufwand aus dem Internet herunterladen.

Profilmanager Programmteil vom Netscape Navigator, der verschiedenen Nutzern erlaubt, den Navigator zu nutzen. Jeder Nutzer kann – wenn er sich mit dem Profilmanager anmeldet – seine eigenen Bookmarks und Einstellungen verwenden.

Provider Engl. f. *Lieferant*; Anbieter eines Internetzugangs.

Proxyserver V. engl. *proxy*, Stellvertreter; zentraler Computer, über den Rechner an das Internet angebunden sind. Proxyserver haben in der Regel eigenen Speicherplatz, auf dem die häufigsten Internetseiten abgespeichert sind. Dadurch wird das Surfen beschleunigt. Viele Proxys übernehmen auch die Aufgaben einer Firewall und schützen so die angeschlossenen Rechner vor Angriffen von außen.

RAM Abk. f. engl. *Random Access Memory*; Bezeichnung für den Arbeitsspeicher, der beim Einschalten betriebsbereit ist, beim Abschalten aber vollständig gelöscht wird.

Roaming Engl. f. *herumwandern, schlendern, streunen*; ermöglicht es, auch im Ausland auf E-Mails zuzugreifen, ohne dabei teure Ferngespräche bezahlen zu müssen: Ein Abkommen zwischen den verschiedenen Providern erlaubt den Zugriff auf das Internet von überall in der Welt zu Ortsgebühren. Roaming ermöglicht es uns z.B. auch, im Ausland mit dem Handy zu telefonieren – auch wenn man keinen Vertrag mit dem Betreiber des entsprechenden Funknetzes besitzt.

Schnittstelle	Verbindungsstelle zwischen Systemen, die zusammenarbeiten. In der EDV wird z. B. die Mensch-Maschine-Schnittstelle auf der Hardwareseite realisiert durch Eingabegeräte wie Maus, Tastatur und Scanner sowie Ausgabegeräte wie Bildschirm und Drucker. Auf der Softwareseite übernehmen Betriebssystem und Anwenderprogramme diese Funktion. Im Bereich der Hardware ist eine Schnittstelle eine Einrichtung, die die Datenübertragung zwischen zwei Komponenten eines oder verschiedener Systeme oder die Verbindung von Hardware und Software in einem System ermöglicht, also eine Maschine-Maschine-Schnittstelle, die allgemein als technische Schnittstelle bezeichnet wird. Hardware-Schnittstellen sorgen für Kompatibilität zwischen verschiedenen Geräten.
Scripting	Eine Textdatei mit Befehlen bzw. Befehlsfolgen, die ein Browser versteht. Die Befehle werden bei Aufruf des Scripts abgearbeitet. Dies kann entweder auf dem Server geschehen, also der Seite, die gerade aufgerufen wird – das Ergebnis wird dann per Internet versandt. Oder das Script wird am Rechner ausgeführt und funktioniert somit auch, wenn keine Verbindung mit dem Server besteht (offline). Eines der häufigsten Scripts ist das JavaScript.
Seriell	Übertragung bzw. Verarbeitung von Daten in zeitlicher Abfolge (Bit für Bit).
Site	Kurzform v. Website.
Software	Engl. f. *weiche Ware*: Zum Betrieb eines Computers erforderliche, nicht-gegenständliche Funktionsbestandteile, z.B. Programme; Ggs. *Hardware*.
Suchmaschine	Dienst, mit dem bestimmte Begriffe nach verschiedenen Kriterien im WWW gesucht werden können.
Surfen	Ugs. f. das Abrufen von Daten aus dem Internet.
Trägerdatei	Eine Datei, die Informationen enthält. In der Regel sind dabei versteckte Informationen gemeint. In einem Bild kann z.B. ein Text verborgen sein, der bei Betrachtung des Bildes nicht für jeden erkennbar, vom bestimmungsgemäßen Empfänger des Bildes aber als Text verständlich ist.
Trojanisches Pferd	Oberbegriff für Programme, die anderes tun, als sie vorgeben, so könnte z.B. ein als nützliches Zusatzprogramm getarntes Programm einen Rechner ausspähen oder Dateien verändern. Der Nutzer dieses Programms bemerkt davon nichts. Trojaner gelten als Viren.
Verwandte Objekte	Liste von Internetadressen, die mit der aktuell angezeigten verwandt sind, also ein ähnliches oder das gleiche Thema haben.
Website	Seite im WWW; Informationsangebot eines Anbieters (Firma, Organisation, Verein etc.) im Internet.
Webspace	Ugs. f. Speicherplatz im Netz.
WWW	Abk. f. engl. *World Wide Web*; Gesamtheit aller Rechner im Internet, die über HTTP miteinander verbunden sind.
Zertifikat	Bescheinigung, die die Identität einer Person oder die Sicherheit einer Website garantiert.

INDEX VON A-Z

Bildquellen:

Umschlag: Corbis Stock Market, Düsseldorf (kleines Motiv)

Archiv für Kunst und Geschichte, Berlin (S. 55)
Catprint Cartoonline, Langenhagen (S. 4; 7; 19; 49; 65; 80)
Corbis Stock Market, Düsseldorf (S. 5 oben; 11; 13; 16; S. 18 unten; S. 32 oben; 41; 57; 75)
DPA Bilderdienst, Frankfurt (S. 40; S. 50 unten)
Keystone Pressedienst, Hamburg (S. 32 Mitte; 54)
Mauritius Bildagentur, Berlin (S. 5 Mitte; S. 6 Mitte; 8; 23; 35; 37; S. 50 oben; 52; 62; 63; 67; 68; 83; 86; 89)
Ritsch & Renn, Wien (c't 25/00, Verlag Heinz Heise, Hannover) (S. 70)
Pixtal, Barcelona (S. 18 oben)
Zefa, Düsseldorf (S. 6 rechts; 71)

Grafiken:
Dr. Thomas Fleißner, München
Eva Schmidt, Berlin

Illustrationen:
Nikola Gräbe, Berlin

Impressum:

Herausgeber:
Prof. Dr. Peter Conrady, Universität Dortmund, Fachbereich Kulturwissenschaften

Autor:
Dr. Thomas Fleißner, München

Projektleitung:
Sandra Schwarz, Berlin

Redaktion:
Cornelia Giesen, Berlin

Gestaltung, Bildkonzeption und technische Umsetzung:
Eva Schmidt, Berlin

Gestaltung des Umschlags:
Susanne Gebert, Nürnberg
Eva Schmidt, Berlin

ISBN 3-935891-06-7